A força do passado
na fraqueza do presente

COLEÇÃO CRÍTICA RELIGIOSA:

O TRADICIONALISMO – *João Décio Passos*

Próximos temas:

FANATISMO

FUNDAMENTALISMO

MORALISMO

RITUALISMO

COLONIALISMO

JOÃO DÉCIO PASSOS

A força do passado na fraqueza do presente

O TRADICIONALISMO

e suas expressões

Dados Internacionais de Catalogação na Publicação (CIP)
(Câmara Brasileira do Livro, SP, Brasil)

Passos, João Décio
A força do passado na fraqueza do presente : o tradicionalismo e suas expressões / João Décio Passos. – 1. ed. São Paulo : Paulinas, 2020.
248 p. (Crítica religiosa)

ISBN 978-85-356-4593-4

1. Igreja Católica 2. Movimento tradicionalista católico. 3. Igreja Católica – Conservantismo I. Título

19-2441 CDD 230

Índice para catálogo sistemático:

1. Tradicionalismo cristão 230

Angélica Llacqua – Bibliotecária – CRB–8/7057

1ª edição – 2020

Direção-geral: *Flávia Reginatto*
Editores responsáveis: *Vera Ivanise Bombonatto e João Décio Passos*
Copidesque: *Ana Cecilia Mari*
Coordenação de revisão: *Marina Mendonça*
Revisão: *Sandra Sinzato*
Gerente de produção: *Felício Calegaro Neto*
Capa e projeto gráfico: *Tiago Filu*

Paulinas

Rua Dona Inácia Uchoa, 62
04110-020 – São Paulo – SP (Brasil)
Tel.: (11) 2125-3500
http://www.paulinas.com.br – editora@paulinas.com.br
Telemarketing e SAC: 0800-7010081

Sumário

AVALIAÇÕES CRÍTICAS

Introdução

> Deve-se entender que uma dominação
> é tradicional quando sua legitimidade
> descansa na santidade de ordenamentos
> e poderes de mando herdados
> de tempos distantes, "desde tempo imemorial",
> crendo-se nela por méritos dessa santidade.
> (Max Weber)

Os tradicionalistas são hoje mais visíveis dentro da Igreja Católica do que até algum tempo atrás, embora já existam de modo definido e ativo, como grupo e como tendência bem demarcados, ao menos desde o século XIX. Há quem possa replicar que o tradicionalismo é, na verdade, medieval em sua mentalidade e em suas causas, pelos modelos e ideias que defendem. O fato é que em um tipo de sociedade, no caso a cristandade medieval, em que uma cosmovisão se faz hegemônica, não há lugar para distingui-la de outra que lhe seja distinta ou oposta; existe tão somente uma percepção e uma estruturação dominante, entendida não somente como unitária e única, mas também como atual e atuante. É somente quando um novo modelo de vida entra em cena que se torna possível qualquer distinção entre esse e aquele modelo até então hegemônico. Portanto, se é verdade que a cosmovisão tradicionalista se estrutura a partir de percepções e operações construídas com matéria-prima retirada da época medieval, mais verdade é que essas percepções e operações só adquirem seus contornos definidos quando uma nova ordem se coloca sob todos os aspectos no processo histórico, permitindo distinguir o presente do passado, concretamente o moderno do tradicional. O termo *modernus,* no latim, designa precisamente aquilo que é "atual" ou "pertencente aos nossos dias", distinto do que é passado. A modernidade vai emergindo no fluxo de uma consciência que distingue passado de presente e, gradativamente, vai construindo o atual (*modernus*) como modo de vida que supera aquele do passado pelos valores e pelas possibilidades novas que trazia, seja como promessa, seja como projeto ou como modo concreto de vida.

Como se verá a seguir, o tradicionalismo, nas suas várias vertentes, foi construído como uma espécie de antídoto da modernidade, ou a várias causas e a alguns dos efeitos dessa época. É partir da consciência histórica moderna que se podem distinguir os que pensam e agem de modo moderno dos que pensam e agem de modo não moderno (pré ou antimoderno). No curso das transformações modernas na Europa dos séculos XVIII e XIX, particularmente na França, podem ser localizados aqueles que rejeitam as crises modernas na direção de uma proposição de futuro, caso tanto dos movimentos socialistas/marxistas e daqueles que entendem que o presente já possui o futuro, baseado na ordem e no progresso, quanto dos positivistas defensores das virtualidades do Estado moderno. Entre os dois, os tradicionalistas entendem que a solução vem do resgate e da preservação de modos de pensar e organizar a sociedade situados no passado. A modernidade teria provocado uma ruptura com os valores estáveis, capazes de organizar e guiar a humanidade para uma civilização mais ordeira e de acordo com um plano estabelecido por Deus, revelado na tradição bíblica e, ao mesmo tempo, inscrito na natureza. A Igreja Católica posiciona-se com sua tradição teológica, filosófica, política e institucional como a defensora e a reprodutora autorizada de posturas antimodernas, gestora de um ordenamento a ser seguido pelo conjunto da sociedade em franca mutação.

Na verdade, desde as primeiras rejeições aos resultados dos tempos modernos, existem concretamente tradicionalismos, no plural. Os movimentos de reação aos ideais e projetos da chamada modernidade compõem um leque de posturas e ideias que atravessam não somente o catolicismo, mas também o cristianismo, outras tradições religiosas e a própria sociedade secularizada. Nesse sentido, podem-se verificar também tradicionalismos de cunho político, filosófico ou artístico. No seio do catolicismo, essa pluralidade pode ser agrupada por vertentes distintas que demarcam posicionamentos no passado e no presente, todos na contramão do moderno ou, mais precisamente, dos processos de modernização que abrangeram a sociedade como um todo, a partir do chamado Ocidente, e que vazou gradativamente para dentro da própria Igreja Católica.

As assimilações modernas efetivadas no pensamento e na práxis católicos desde o final do século XIX, talhadas nos movimentos eclesiais e nas teologias na primeira metade do século XX e culminadas no *aggiornamento* do Concílio Vaticano II, narram a história que tem como outro lado da medalha as resistências a esse processo; resistências que se mostram variadas em seus lugares e sujeitos, bem como na gradativa evolução histórica no decorrer do século passado. De fato, o século XX foi o tempo da luta católica entre renovação e conservação. Nessa luta, os movimentos tradicionalistas construíram suas pautas, estipularam suas matrizes, se institucionalizaram em grupos identitários e consolidaram tendências dentro da oficialidade católica. É de dentro dessas matrizes e a partir desses grupos que se podem mapear não somente as vertentes e tipos de tradicionalismo consolidados (os tradicionalismos clássicos e institucionalizados), mas também a frente tradicionalista (tradicionalismo legítimo) que avançou nos *fronts* da hierarquia católica, desde a conclusão do Concílio Vaticano II, e que hoje ganha novas dinâmicas nas redes sociais (tradicionalismo de projeto). Essas tipologias têm uma função metodológica que permite agregar o disperso e expor a lógica de fundo dos movimentos concretos que se vão desenvolvendo ontem e hoje; oferecem os mapas para interpretar a realidade, embora não seja sinônimo da própria realidade.

Os tradicionalistas são mais visíveis que no passado? Na sociedade atual, plural e tolerante (incluindo a Igreja) que acolhe as diversidades, a sociedade da informação, que possui modos de divulgação e recepção de ideias de todos os tipos, oferece às expressões tradicionalistas maior viabilidade que no passado. Nesse sentido, os tradicionalistas avançam dentro das condições de possibilidade (econômicas, ideológicas, políticas e tecnológicas) oferecidas pela própria modernidade, as quais negam como perigosa a verdade única e pura.

A inevitabilidade do presente se impõe a todos com suas condições e regras, mesmo quando negado nas posturas mais radicais.

Pode-se afirmar que hoje o tradicionalismo avançou para além dos grupos institucionalizados fora ou dentro da Igreja Católica, para além de uma tendência presente, de modo particular, em segmentos da hierarquia católica e para além do próprio corpo eclesial. O tradicionalismo se configura de modo rápido como tendência que angaria adeptos dentro da Igreja e ganha legitimidade com seus grupos virtuais e com seus "pastores particulares", ocupando um lugar de reprodutores da verdade, muitas vezes em confronto direto com o magistério local e com o próprio magistério papal. Avança, ao mesmo tempo, para o conjunto da sociedade como oferta de significados não somente religiosos, mas também políticos, como garantia religiosa de determinados modelos de governo. O germe político inerente ao tradicionalismo mais religioso costuma emergir em tempos de crise e tecer afinidades com os projetos políticos conservadores. Mas, em nossos dias de domínio implacável da cultura de consumo centrada nas escolhas individuais, o tradicionalismo não deixa de ser mais um produto oferecido às satisfações individuais; forma de solução que garante, por meio da posse segura da verdade e de determinados domínios estéticos, bem-estar individual aos espíritos ávidos de satisfação. Um produto do passado portador de soluções presentes.

Passado, regra fixa, estabilidade, unidade, hierarquia e *obediência* são as palavras-chave do pensamento tradicionalista operado dentro e fora da Igreja. No caso católico, a visão oferecida pelo Vaticano II mostra-se, inevitavelmente, como seu oponente frontal. A atenção ao presente (leitura dos sinais dos tempos) rompe com a normatividade exclusiva do passado que dispensa o discernimento do presente. A noção de povo de Deus desmonta no conjunto eclesial a Igreja-sociedade hierarquicamente perfeita. De igual modo, o governo colegiado do papa com os bispos relativiza o poder central do Pontífice supremo. A liberdade de consciência confronta-se com a norma objetiva. A liberdade religiosa nega a religião única e verdadeira. A história da salvação choca-se com as essências dogmáticas fixas. Não há para os tradicionalistas católicos *aggiornamento* possível na Igreja, uma vez que tudo já está definido dogmaticamente, com a firme argumentação da fé e da razão. Resta à Igreja expor e aplicar a verdade que já está previamente definida, formulada como doutrina fixa e transmitida pela autoridade como verdade a ser seguida por todos os fiéis. A Igreja, por sua vez, ocupa um lugar central e uma ligação imediata com a tradição e, por conseguinte, com a revelação divina na história humana. Toda renovação se apresenta como ruptura com esse regime estável de verdade e de vida.

Na contraposição do Vaticano II ao tradicionalismo situa-se hoje de modo concretíssimo o pontificado do Papa Francisco. O projeto de reforma da Igreja capitaneado pelo papa do fim do mundo desenha o centro de uma guerra entre renovação e tradicionalismo. Desde a chegada de Francisco ao trono de Pedro, as oposições de tipo tradicionalista têm crescido ou, ao menos, se manifestado de forma inédita dentro da Igreja Católica. Segmentos eclesiais que, por princípio e regra do *ethos* católico, senão até mesmo da etiqueta diplomática ou da fidelidade institucional, dever-se-iam apresentar como "defensores" do papa, da comunhão ou da institucionalidade católica, saem hoje em franca oposição às reformas papais. A pauta é, sem dúvida, tradicionalista; opõe explicitamente renovação à tradição, ortodoxia à heterodoxia; as referências do passado são adotadas com parâmetros de julgamento do presente, fechando as possibilidades de circularidade entre as temporalidades e, por consequência, o exercício atual de transmissão (*traditio*) dos conteúdos da fé.

No pontificado atual, os grupos e tendências tradicionalistas se recrudesceram e se mostraram mais visíveis que no passado, uma vez que o campo católico, agora delimitado por um projeto explícito de reforma da Igreja, os torna mais visíveis que no passado recente, quando ocupavam um lugar mais natural e, portanto, na condição de integrados no corpo eclesial, menos destacados e visíveis. O campo religioso católico atual é de um confronto de distintos projetos de reforma ou de conservação. Os tradicionalistas são destacados por essa conjuntura e se destacam em suas causas de antirreformas. A Igreja Católica vivencia hoje um clima de "cisma integrado" ou latente, quando o magistério papal é rejeitado publicamente como herético, mesmo exercido em uma dinâmica radical de sinodalidade episcopal e eclesial.

Com efeito, os tradicionalistas têm nomes, lugares e fisionomias variadas, embora comunguem em algumas frentes comuns de ideias e práticas. Embora adotem pautas temáticas historicamente conhecidas, na verdade estão cada vez mais pautados pelo papa, seguindo de perto suas posturas, declarações e magistério, evidentemente em uma posição de reação negativa e de oposição muitas vezes frontal. Nada de novo, uma vez que a marca característica dos grupos autorreferenciados consiste precisamente mais em reagir do que em propor. Há sempre um inimigo a ser destacado, desautorizado e eliminado. O Papa Francisco encarna oficialmente as renovações mais temidas pela perspectiva dos tradicionalistas; representa um catolicismo/cristianismo considerado equivocado e traidor da autêntica tradição da fé instituída dogmaticamente em Concílios anteriores ao Vaticano II. Em oposição a tudo que significar renovação doutrinal, moral e institucional na Igreja, os tradicionalistas afirmam sempre a conservação intacta do que entendem ser a autêntica tradição e a verdade pura. Ainda que essa postura possa assumir nuances diferenciadas da parte dos grupos e frentes tradicionalistas, ela expressa a coincidência de fundo: a existência de uma verdade objetiva, fixa, universal e imutável que deve definir a doutrina e a práxis da Igreja e, por conseguinte, a vida social, política e cultural. A verdade, a moralidade e a espiritualidade são essências imutáveis, mas que se expressam em modelos históricos paradigmáticos a serem adotados na vida do católico como único meio seguro de viver a fé dentro da relatividade histórica, por definição portadora de erros. A ilusão de um modelo histórico de verdade geral a ser reproduzido em todo tempo e lugar, portanto, de uma espécie de história realizada ou de fim da história, constitui o fundamento contraditório do tradicionalismo, uma vez que adota como cânone um modelo delimitado historicamente como qualquer outro. É sobre o mito de uma época que os movimentos tradicionalistas se edificam e dele se tornam fiéis e missionários.

O estudo sobre o tradicionalismo religioso é escasso em nosso contexto acadêmico da ciência da religião e da teologia. O foco que prevaleceu nas ciências dedicadas à religião nas últimas décadas foi sobre os grupos e as tendências pentecostais com seus fundamentalismos e teologias do poder de Deus, enquanto a teologia concentrou-se nas temáticas sociais clássicas, bem como em novas temáticas relacionadas aos sujeitos excluídos. O tradicionalismo foi um antagonista tão real quanto oculto dessas abordagens e consolidou seu percurso como tendência cada vez mais hegemônica no catolicismo, ao menos nas instâncias dirigentes da Igreja. Mas também avançou como tendência entre os muitos pentecostalismos, na medida em que se aproximavam do poder político, primeiro nas bancadas legislativas e, mais recentemente, nos postos executivos. Talvez os estudos de religião tenham comungado do pressuposto moderno que acreditou ter superado historicamente as formas de pensamento conservador, ao menos nas suas expressões mais sectárias e intolerantes. A conjuntura atual revela a subsistência e o avanço das posturas tradicionalistas dentro da Igreja Católica, sem maiores controles sociorreligiosos da parte da hierarquia, em princípio, orientada pelo *aggiornamento* conciliar. Hoje menos latentes, os tradicionalistas desvelam, por certo, a persistência das posturas conservadoras presentes no imaginário cristão-católico; trazem à tona um núcleo dogmático feito de conteúdos do passado que conta agora com adeptos diretos e indiretos no conjunto do corpo eclesial. Matrizes de pensamento pré-conciliares atravessam o conjunto da Igreja, desde versões teológicas sofisticadas até versões nitidamente populares, dominadas por paixões estéticas, experiências miraculosas e fanatismo político.

Hoje os tradicionalistas ganham espaço e fôlego nas redes sociais e nas frentes políticas da ultradireita que exibem seus projetos conservadores pelo Ocidente afora. As páginas que seguem pretendem apresentar um roteiro preliminar de análise sobre esse fenômeno de longa duração na história católica e, ao mesmo tempo, de construções recentes. O fenômeno é, evidentemente, mais complexo do que a forma como está aqui exposto e analisado. Cientes desse limite, as considerações ora expostas visam somente aproximar o leitor de alguns tópicos esclarecedores da questão cada vez mais visível na contemporaneidade. A relevância do fenômeno exigirá de agora em diante estudos mais minuciosos.

O que aqui se apresenta, embora seja um exercício de análise sócio-histórica e de discernimento ético-teológico sobre o fenômeno, não se encena com qualquer postura metodológica de neutralidade científica. Ao contrário, a análise tem como pressuposto a convicção do equívoco histórico, hermenêutico e mesmo teológico dessa postura referenciada pelo imperativo de um modelo de civilização que vem do passado e se afirma no presente como emblema da verdade e solução para todas as crises históricas. A reflexão entende, portanto, que a história só pode caminhar para a frente e que todo retorno será sempre uma ilusão que evita o esforço de discernimento do presente e o desafio da construção do futuro. Professa também que o cristianismo é sempre uma fé vivenciada na salvação sempre atual e que recebe e transmite o que adquiriu do passado nas situações concretas e avança na direção de uma promessa de futuro, o Reino de Deus. Por essa razão, a última parte do estudo dedica-se à exposição dos limites e dos discernimentos possíveis, tendo como referência uma perspectiva valorativa cristã.

O presente estudo tem como foco específico o tradicionalismo de viés católico, embora sejam evidentes as características comuns com tradicionalismos construídos e reproduzidos em outros territórios confessionais e, até mesmo, não confessionais. O tradicionalismo parece ser, de fato, uma postura regular nas tradições religiosas. As religiões se apresentam sempre como portadoras de uma mensagem recebida do passado, de tempos imemoriais. É possível mapear com nome e endereço essas expressões nas chamadas religiões mundiais e nas religiões monoteístas. Não faltam grupos e tendências que se referenciam por modelos de interpretação e de vida do passado, chegando a modos de vida radicalmente conservadores com suas respectivas afinidades políticas. No interior do cristianismo de matriz anabatista, as comunidades *Amish* e certas tendências menonitas ilustram essa prática de reprodução do passado nos modos de vida e de pensamento. No caso do catolicismo, como será descrito no decorrer do trabalho, o tradicionalismo assumiu algumas formas e modos de expressão distintos, porém embasados na convicção comum da degradação do presente – sobretudo moral e política –, tendo em vista o abandono da religião católica como centro estruturador da vida social, cultural e política. A saída vem do passado, de um modelo que, segundo acreditam, já foi validado em sua coerência e eficácia em termos de organização geral da vida: a civilização católica que triunfou na cristandade medieval.

Contudo, se a tradução monárquica teocrática não constitui mais um modelo político unânime, embora frequentemente evocado como viável por grupos e indivíduos, novas afinidades políticas foram sendo construídas já no século passado entre o ideário tradicionalista e os regimes autoritários de direita. As afinidades entre ideários e práticas religiosas e políticas conservadoras construíram conjunturas políticas originais. No caso do Brasil, a chamada nova cristandade capitaneada por Getúlio Vargas (de tradição militar positivista e agnóstica) contou com o apoio de conservadores e tradicionalistas católicos. A ditadura militar foi alavancada pela grande marcha da *Família com Deus pela liberdade*, movimento organizado pela Igreja Católica e financiado por grupos protestantes norte-americanos. Ecumenismo político de direita já tem história em nosso país. As afinidades políticas se sobrepõem às religiosas. Em nossos dias, o tradicionalismo religioso cristão – misto de integrismo católico e fundamentalismo pentecostal – assume formas inusitadas em governos nos países ocidentais. As Constituições se misturam sem divergências com a Bíblia e com rosários, em comícios, em manifestações militares e em sessões oficiais de exercício do poder. Fala-se até mesmo da presença imprescindível da Bíblia no judiciário. Se o Estado laico ainda está sustentado por estruturas objetivas que o preservam de pé, entretanto, sofre cotidianamente pressões de uma gestão religiosa do poder. A democracia vai sendo corroída também pelos ácidos religiosos preservados de modelos do passado. A fundamentação religiosa do poder ainda permanece como regra? Os tradicionalistas e fundamentalistas ainda alimentam a guerra supostamente superada entre divindade e democracia.

A força do passado na fraqueza do presente! Na verdade, certos modelos do passado representam um tempo superior ao presente pelas virtualidades éticas que mantêm como fonte disponível a ser acionada pelos que possuem sua chave. E a chave religiosa é a principal, a que abre a porta mais segura da verdade e da salvação. O líder religioso, por sua vez, é o porteiro legítimo e seguro que pode acioná-la e destravar o presente de suas amarras malignas. O presente decadente e sem modelos políticos concretos e viáveis a oferecer, uma vez demonstrado suas falências, só pode ser solucionado a partir de referências que supostamente vêm do passado, embora todo passado só possa ser, na verdade, uma construção presente. Nesse cenário que avança a passos largos, recusam os catolicismos liberal e social, recusam as ciências e os direitos sociais. As democracias morrem e o religioso ressurge como legitimação de poderes autoritários.

As explanações que seguem estão estruturadas em quatro partes, cada qual composta por dois pequenos capítulos. A primeira faz uma aproximação da temática, do ponto de vista empírico e conceitual. Visa mostrar que o tradicionalismo persiste e cresce em diferentes frentes e expressões a partir de um imaginário comum. A segunda apresenta as estruturações do tradicionalismo, a partir do epicentro da modernidade e, por conseguinte, do Vaticano II. Esse evento que reposicionou a Igreja perante o processo de transformação histórica, abriu uma nova era eclesial que nega o tradicionalismo como hermenêutica da história e como modelo de vida eclesial. A terceira oferece duas reflexões sobre as afinidades políticas dos tradicionalistas, sendo uma delas a relação da direita mundializada com o Papa Francisco. Os tradicionalistas não atuam sozinhos nesse momento histórico, mas cada vez mais afinados com projetos e governos de direita que emergem pelo planeta. A última parte apresenta duas reflexões compostas de discernimentos críticos sobre o fenômeno, em nome da fé e da razão, ou seja, com ferramentas analíticas das ciências e da teologia, sendo ambas munidas de análises valorativas. Essa parte de natureza teológica bebe diretamente da metodologia que brota do *aggiornamento* conciliar e adquire hoje excepcional vigor no magistério do Papa Francisco.

O tradicionalismo é fato histórico que acompanha o catolicismo nos tempos modernos, ao menos desde que esses tempos acelerados cruzaram com os tempos lentos da Igreja Católica, estabelecendo uma dialética contínua entre ambos. Trata-se da história da resistência católica a processos de modernização, em nome de um passado mais autêntico e verdadeiro, de uma época e de um modelo mais santos por serem expressão de uma realidade imutável e que sempre deverá perpetuar; uma dialética possivelmente sem síntese, na medida em que os tradicionalistas se apresentam como verdade oposta às falsidades que colocam em risco a fé, a Igreja e a humanidade.

O TRADICIONALISMO
E OS TRADICIONALISTAS

Predecessores nossos opuseram-se constantemente, com firmeza apostólica, às maquinações nefastas dos homens maus, que lançam a espuma de suas confusões, semelhantes às ondas do mar tempestuoso, e prometem liberdade, sendo que eles, como são escravos da corrupção, tentados com suas opiniões falaciosas e escritos perniciosos, transformam os fundamentos da religião católica e da sociedade civil, acabam com todas as virtudes e justiça, depravam corações e entendimentos, retiram da disciplina moral correta as pessoas sem cautela, a juventude inexperiente... (Pio XI, *Quanta cura*).

***

Aqueles que não dobram os dois joelhos, e nem sequer um só, diante de Baal; os que temos a Lei de Deus escrita no bronze de nossas almas, e não permitimos que as doutrinas deste século gravem seus erros sobre este bronze que sagrado a Redenção tornou (Plinio Corrêa de Oliveira).

CAPÍTULO I

Fisionomia e dinâmica do tradicionalismo católico

O tradicionalismo católico emergente nos grupos, nas mídias e no interior das práticas eclesiais, não se apresenta como tal; ao contrário, se apresenta sempre como catequese católica e, portanto, como anunciador de uma verdade que vem desde as origens do Evangelho. Esta é a autoimagem fundante do tradicionalismo desde que foi sendo estabelecido dentro ou no entorno da Igreja Católica. A formulação verdadeira que fundamenta a postura é oferecida como única e universal, como evidência a ser acatada, regra inquestionável que, por sua natureza, dispensa todo tipo de crítica. O tradicionalismo se entende e opera como verdade sempre atual. Nesse sentido, o conceito de tradicionalismo é uma formulação externa ao grupo; advém dos que enxergam a postura como afirmação do passado em contraposição ao presente, a conservação em vez da mudança. Os tradicionalistas católicos sempre se entendem e se autodefinem como católicos ou como os autênticos católicos que se opõem aos católicos equivocados. São os católicos portadores da autêntica tradição, cujos modelos defendidos se ligam diretamente a Jesus Cristo e, por essa razão, se mantêm em luta permanente com os modernismos (a começar dos católicos modernistas) que corroem a fé católica com suas ideias e práticas.

De modo mais direto ou menos direto, é o que se pode verificar em muitos programas exibidos pelas televisões católicas, em homilias dominicais de muitos padres, em discursos que circulam pelas redes sociais. Mas é também o que se apresenta como postura implícita ou explícita em muitos grupos institucionalizados dentro da Igreja. Ele está no meio de nós e opera legitimamente como discurso católico, tanto pelos que estão inseridos no corpo eclesial quanto pelos grupos que estão fora. Não há dúvidas de que são católicos, mas perfilam um tipo de catolicismo que se referencia por visões, valores e práticas de matriz pré-moderna; se legitimam a partir do passado e com grande dificuldade de assimilar mudanças no presente, sobretudo no que se refere às mudanças no campo da doutrina, da moral e das vivências litúrgicas católicas. É possível detectar direções nos avanços tradicionalistas: os que se dão de modo institucionalizado em grupos nominais e públicos, os que ocorrem por meio de clérigos pregadores com suas mídias, os que acontecem espontaneamente por dentro das práticas eclesiais regulares nos movimentos e nas pastorais de um modo geral.

Portanto, pode-se falar em tradicionalismo destilado em estado bruto, presente nos grupos que assim se assumem em suas identidades e em tradicionalismo dissolvido no conjunto dos grupos e das práticas eclesiais; os dois bebem regularmente de fontes comuns, exibem os mesmos símbolos e, em situações particulares, podem se aproximar e até assumirem bandeiras comuns, como no caso da conjuntura política de ascensão da extrema direita política no planeta e particularmente no Brasil.

Neste primeiro tópico se buscará definir e caracterizar o tradicionalismo. A tendência tradicionalista de longa data na Igreja se mostra em frentes e grupos no decorrer da história e em novas formas de organização na sociedade em rede. A hipótese é de que é possível descrever de modo tipificado o comportamento dessa tendência católica. E como todo mapeamento, o mais importante não é o mapa, mas a realidade e, evidentemente, como o mapa pode ajudar a distinguir a realidade concreta nos dias de hoje.

1. A presença do tradicionalismo católico

Os grupos tradicionalistas católicos têm crescido, ganhado expressão pública e se disseminado no interior da Igreja Católica nos últimos tempos. As mídias têm mostrado esse fato sociorreligioso em diversas ocasiões, sobretudo a partir do pontificado do Papa Francisco e da ascensão mundial de uma ultradireita política (Farid Kahhat, 2019). Não parece necessário exigir pesquisas numéricas para demonstrar a existência desses grupos e dessa tendência visíveis e atuantes no interior da Igreja Católica. Basta observar o crescimento nominal dos mesmos durante os pontificados de João Paulo II e Bento XVI, mas, sobretudo hoje, a presença de muitos deles nas redes sociais. Compondo evidentemente uma gradiente que vai de um rígido tradicionalismo (caso dos Legionários de Cristo e Arautos do Evangelho) a modelos mais flexíveis, caso de vários movimentos leigos, dentre os quais estão os que adotam a matriz do pentecostalismo católico (Renovação Carismática Católica) em diversas denominações e frentes de atuação, os tradicionalistas que avançam e se mostram, por um lado, mais legítimos e, por outro, mais destacados e, até mesmo, exóticos, por exibirem comportamentos que extrapolam a regularidade eclesial pós-conciliar. A propósito do exotismo religioso e político, parece ser este um componente mais ou menos comum dos grupos e personagens tradicionalistas que não poupam verbos em certas afirmações de cunho religioso, assim como exibem estéticas dignas de filmes de ficção. Fraseados intolerantes fora do politicamente correto, afirmações que negam fatos históricos, apoios a regimes autoritários, rituais em latim e trajes medievais fazem parte das composições identitárias que muitos personagens e grupos exibem publicamente.

Esses grupos e tendências ganharam força política, pastoral, moral e litúrgica dentro da Igreja e crescente visibilidade nas redes sociais. Mais que nas décadas que sucederam ao Concílio Vaticano II, apresentam-se hoje com identidades mais nítidas e com desenvolturas mais agressivas, reivindicando não somente um lugar legítimo dentro do catolicismo, mas também uma posição de portadores da verdade autêntica da tradição cristã e, com frequência, de intolerância às diferenças religiosas e políticas.

As conjunturas políticas mundial e nacional têm sido uma espécie de amparo ideológico para os diversos tradicionalismos, mas, mais que isso, demonstrado um quadro do que weberianamente poderia ser descrito como dinâmica de *afinidade eletiva* (Weber, 1996, p. 64). Os católicos tradicionalistas e os grupos políticos de ultradireita se afinaram em torno de pontos comuns ou em posturas de fundo, propiciando cenas políticas peculiares, compostas por sujeitos e universos valorativos em princípio distintos. De fato, uma espécie de ecumenismo tradicionalista agrega, sem maiores problemas, distintas confessionalidades, bem como distintas opções político-partidárias, que relativizam as diferenças históricas, ideológicas e teológicas em função de uma estratégia comum assumida como urgência para o país ou para o Ocidente.

Os tradicionalistas estiveram presentes no catolicismo, inclusive por décadas em seu próprio comando, desde que a postura se configurou como projeto no seio da Igreja e da sociedade, ou seja, desde as revoluções modernas que dissolveram gradativamente o velho regime do homem religioso hierárquico constitutivo da cristandade. Os papas antimodernistas compuseram, de fato, o aparato doutrinal legítimo para os grupos e tendência tradicionalistas que vieram depois e que persistem em vários formatos no interior e no exterior da Igreja Católica nos dias de hoje. Há uma construção doutrinal do tradicionalismo que o torna ainda hoje legítimo na boca e na vivência de seus defensores; dessa fonte retiraram no passado e retiram no presente conceitos de verdade, normas morais, juízos sobre a realidade presente, modelos litúrgicos, concepções de Igreja, matrizes de espiritualidade e, até mesmo, padrões estéticos.

A presença dos grupos tradicionalistas tem se mostrado de modo bastante visível em nossos dias, o que se deve, por certo, a alguns fatores, tais como: a visibilização promovida pelas mídias que operam em tempo real e tornam os fatos onipresentes; o pontificado do Papa Francisco que distingue de modo mais nítido, com seu projeto, os prós e os contra, ou seja, os reformadores e os tradicionais; e a ascensão política da ultradireita pelo mundo afora que se afina politicamente com essa tendência e, direta ou indiretamente, a exibe socialmente como apoio religioso.

Alguns episódios e posicionamentos podem ser relembrados como manifestações emblemáticas já bem conhecidas de todos. São dois documentos e três episódios de militâncias de grupos tradicionalistas que ilustram os posicionamentos dos mesmos em relação ao que julgam ser traição da pureza católica.

1º) Manifesto dos Arautos do Evangelho

O resto que voltará!

Com essa passagem bíblica retirada de Is 7,3, os *Arautos do Evangelho* lançavam um manifesto reagindo à nomeação de uma comissão de investigação sobre a associação, mediante denúncias de irregularidades que vieram a público. Um manifesto com título em latim (*Residuum revertetur*) traduzindo a referida passagem bíblica foi postado na *página oficial da entidade em 6 de julho de 2017,* sendo, em seguida, negado como de autoria oficial da instituição. No frontispício da página duas expressões ofereciam uma epígrafe do manifesto: uma explicitando a reação do grupo perante a visita da Comissão nomeada por Roma, "Visita canônica ou inquisição farisaica?" e, logo abaixo, outra de caráter mais universal, "Querem destruir a Igreja e isto não vamos permitir". O trecho transcrito de parte da introdução do Manifesto oferece uma elucidativa ideia da autoimagem do grupo que transfere para toda a Igreja a suposta perseguição da qual estaria sendo vítima. Na sequência, o manifesto concentra-se na denúncia de irregularidades da parte do Papa Francisco.

> *NON POSSUMUS!* Estamos diante de um novo calvário! De um novo deicídio! Crucificaram a Cristo e agora crucificam a Sua Esposa! Não podemos permitir a destruição da Santa Igreja!
>
> Que venham os pastores de almas! Conclamamos "os bons sacerdotes espalhados pelo mundo cristão, quer os que estejam atualmente no combate, quer os que se tenham retirado da confusão da batalha para os desertos e ermos e se unam a nós!". Conclamamos os bispos bons e os cardeais santos, os pastores escolhidos por Jesus Cristo que não podem negar o seu Santíssimo Nome! Que defendam os incontáveis fiéis que, sem a bússola da verdade, correm o risco de se afundarem neste oceano de erros e horrores...
>
> Que venham também os intelectuais, os escritores e todos os artistas! Convocamos todo o povo fiel! Aproximem-se os piedosos de todas as idades! Que adiram a esta cruzada de ação e de orações, em favor da Santa Igreja!
>
> Não há mais dúvidas! Agiremos com base em CERTEZAS! Chegou a hora de resistir filialmente, mas de resistir! Por muito, muito, muito

menos, Paulo resistiu em face (cf. Gl 2,11) diante de Pedro! Abramos, pois, os nossos olhos e não sejamos surdos aos clamores de Deus: "Hoje, se ouvirdes a sua voz, não endureçais os vossos corações" (Hb 3,7-8)!

E, como dizia João Paulo II: "Não tenhais medo!". Paulo VI denunciou que a "fumaça de satanás entrou no lugar sagrado"! Bento XVI, ainda entre nós, anunciou que a "ditadura do relativismo" está estabelecida!

É o que bradaremos! Nós, membros dos Arautos do Evangelho, dissidentes da gloriosa e perturbadora TFP – Sociedade Brasileira de Defesa da Tradição, Família e Propriedade – e que nos definimos, nas palavras de nosso Pai e Fundador, o Sr. Dr. Plinio Corrêa de Oliveira, como "aqueles que não dobram os dois joelhos, e nem sequer um só, diante de Baal; os que temos a Lei de Deus escrita no bronze de nossas almas, e não permitimos que as doutrinas deste século, gravem seus erros sobre este bronze que sagrado a Redenção tornou".

2º) Papa Francisco acusado de herege

Um grupo de estudiosos e padres católicos acusou oficialmente o Papa Francisco de herege. O texto foi publicado no site *LifeSiteNews* no dia 30 de abril.

O trecho transcrito é extraído da Introdução do documento redigido por teólogos de várias partes do mundo na Semana Santa de 2019. A carta dirigida a cardeais e bispos faz uma acusação pública de que Francisco é herege e pede dos mesmos a tomada de providências. O documento expõe vários pontos das acusadas heresias cometidas por Francisco, tomando como referências textos da tradição católica, de modo particular do Concílio de Trento.

> Nós o abordamos por duas razões: primeiro, acusar o Papa Francisco do crime canônico de heresia, e segundo, pedir que ele tome as medidas necessárias para lidar com a grave situação de um papa herege.
>
> Tomamos essa medida como último recurso para responder aos danos cumulativos causados pelas palavras e ações do Papa Francisco ao longo de vários anos, que levaram a uma das piores crises da história da Igreja Católica.
>
> Estamos acusando o Papa Francisco do crime canônico de heresia. Para que o crime canônico de heresia seja cometido, duas coisas devem acontecer: a pessoa em questão deve duvidar ou negar, através de palavras e/ou ações públicas, alguma verdade divinamente revelada da fé católica que deve ser acreditada com o consentimento da fé divina e católica; e essa dúvida ou negação deve ser persistente, isto é, deve ser feita com o conhecimento de que a verdade que está sendo duvidada ou negada foi ensinada pela Igreja Católica como uma verdade divinamente revelada, que deve ser acreditada com o consentimento da fé e dúvida ou negação devem ser persistentes.

Embora acusar um papa de heresia seja, é claro, um passo extraordinário, que se deve basear em evidências sólidas, ambas as condições foram demonstradas pelo Papa Francisco. Não o acusamos de ter cometido o crime de heresia em todas as ocasiões em que ele pareceu contradizer publicamente uma verdade de fé. Nos limitamos a acusá-lo de heresia nas ocasiões em que ele negou publicamente algumas verdades da fé e depois agiu de forma consistente, de uma maneira que demonstre que ele não acredita nessas verdades que negou publicamente.

3º) Militância dos grupos tradicionalistas

Tem sido frequente a ação de grupos católicos tradicionalistas em eventos que julgam ferir a pureza doutrinal e litúrgica católicas. A tentativa desses grupos é impedir que os eventos ocorram e, para tanto, lançam mão de estratégias de afrontamento direto ou por meio de ações orquestradas nas redes sociais. Os dois mencionados episódios vieram a público na grande mídia e são exemplares das ações regulares desses grupos. Um primeiro realizado pelo Colégio São Luís, da Companhia de Jesus em São Paulo, um segundo ocorrido no Rio de Janeiro, em celebração do Dia da Consciência Negra.

Palestra "Temas transversais; gênero e sexualidade", Colégio São Luís

Uma palestra sobre gênero e sexualidade ministrada pelo Dr. Dráuzio Varella, oferecida aos pais de alunos do Colégio São Luís, tradicional escola católica da capital, provocou polêmica nas redes sociais e fez a instituição de 150 anos ser alvo de críticas de internautas, que chegaram a organizar um abaixo-assinado *on-line* contra o evento. A repercussão levou o reitor do colégio, Padre Carlos Alberto Contieri, a enviar uma carta aos pais, prestando esclarecimentos, mas ressaltando que a atividade seria mantida.

O convite para a palestra foi publicado na página do colégio no Facebook na segunda-feira. O evento faz parte de uma série de conferências voltadas para pais de estudantes do 6º ano do ensino fundamental ao 3º ano do ensino médio sobre temas diversos, como *bullying*, drogas e internet. O colégio tem mais de 2,5 mil estudantes.

Após a postagem do evento, alguns internautas começaram a acusar o colégio de promover a chamada ideologia de gênero. As críticas, no entanto, eram minoria. A maioria dos mais de 2 mil comentários era de pais de alunos parabenizando o colégio pela iniciativa e reprovando o posicionamento dos que discordavam do evento.

As críticas, porém, não ficaram restritas às redes sociais. No site O Fiel Católico, ligado à Fraternidade Laical São Próspero, um texto fazia a mesma acusação ao colégio e criticava Varella. Pedia que os católicos incomodados enviassem e-mail para a Arquidiocese de São Paulo, solicitando que o evento fosse cancelado (Revista *Forum* de 22 de setembro de 2017; acesso em: 21/11/2019).

Celebração na Igreja Sagrado Coração de Jesus no Rio de Janeiro em 20 de novembro de 2019

Grupo de católicos conservadores tentou impedir a realização de uma missa em homenagem ao Dia da Consciência Negra na Igreja do Sagrado Coração de Jesus, na Glória, Zona Sul do Rio. A cerimônia tem cantos afro e o toque de atabaques e foi divulgada nas redes sociais da igreja. De acordo com frequentadores da paróquia, o grupo, de cerca de 20 pessoas, tentou impedir o padre de iniciar a celebração. O sacerdote, entretanto, se negou, e a missa foi realizada. Ao final, houve discussão entre o grupo e integrantes da paróquia.

"Eles chegaram antes da missa começar. Vários homens de terno e mulheres de véu. Nunca tínhamos visto essas pessoas aqui. Essa missa afro é feita há 15 anos na igreja. Logo no início da missa o padre fez um discurso dizendo que não estávamos fazendo nada de errado. Eles permaneceram na igreja, filmando tudo. No final, aconteceu a confusão — contou uma frequentadora da paróquia" (Extraglobo.com, 20/11/2109. Acesso em: 21/11/2019).

4º) Novos iconoclastas

Por ocasião do Sínodo da Amazônia, a Associação "Casa Comum", ligada à Rede Pan-Amazônica, organizou uma exposição com trabalhos artísticos dos indígenas da região. A exposição foi realizada na Igreja de Santa Maria, paróquia mais próxima da Basílica de São Pedro. Dentre as várias expressões, havia estátuas representando a Pachamama, a mãe terra, de algumas culturas indígenas. No dia 22 de outubro, dois homens adentraram no local, retiraram as estátuas e atiraram no Rio Tibre. A razão alegada foi de ordem teológica e esteve presente no título do vídeo postado na rede YouTube: "Pachamama idols thrown into the Tiber river!" [Ídolos de Pachamama jogados no Rio Tibre!]. Os personagens infratores alegaram estar fazendo um bem para Jesus e para a Igreja.

Antes do episódio, sites ultraconservadores de católicos de Roma já haviam divulgados opiniões contestando o fato de materiais advindos da Amazônia terem sido utilizados em cerimônia presididas pelo papa nos jardins do Vaticano. Para esses grupos, a presença das expressões indígenas tratava-se de uma blasfêmia. Após o episódio do furto e pretendido desagravo à fé, os mesmos canais o avaliavam como "justiça feita" e aplaudiam a "coragem" dos dois católicos. O episódio mostra de forma concreta a presença e a força do tradicionalismo operacionalizado pelas mídias sociais. Obviamente não se trata de uma rejeição iconoclasta ao uso de imagens nos recintos e nos cultos católicos, postura muito prezada por esses grupos, mas de uma rejeição à cultura amazônica e à legitimidade de um diálogo inculturado com a mesma por parte da Igreja Católica. Trata-se, de fato, de uma cena típica do tradicionalismo

> que nega o diálogo com as diferenças e as entendem como inimigas da fé e portadoras de erros. O pretexto teológico do ato (idolatria) esconde, na verdade, uma postura de etnofobia (IHU de 22 de outubro de 2019. Acesso em: 08/11/10).

Estes fatos são ilustrativos de um tradicionalismo militante atual. As tendências tradicionalistas são, evidentemente, mais amplas e diversificadas e atuam de maneiras igualmente diversificadas dentro do corpo eclesial e da sociedade. Em outros termos, há tradicionalismos mais moderados, sobretudo naqueles que ocupam lugares institucionais na hierarquia da Igreja. Aí, de fato, as posturas tradicionalistas se reproduzem por vias oficiais por dentro da canonicidade e da rotina pastoral católicas.

Os dados elencados revelam os perfis e as estratégias desses grupos e tendências que indicam uma espécie de "caricatura eclesial" dos segmentos tradicionalistas católicos, em princípio integrados na comunhão católica. São eles grupos mais intelectualizados ou mais militantes, mais institucionalizados ou mais espontâneos, porém todos dispostos a enfrentar aquilo que julgam ser um desvio doutrinal e a atacar os sujeitos divulgadores dos erros como perigosos para serem expurgados da Igreja. Utilizam-se de estratégias de comunicação pelas redes sociais e ações diretas nos eventos, sustentando intolerância explícita em relação às posturas diferentes às que professam como verdade inquestionável; produzem documentos e fatos políticos que visam denunciar os erros em cenas públicas de rápida circulação e de grande alcance midiático. O tradicionalismo saiu dos velhos guetos institucionais, rompeu com as posturas diplomáticas e com a etiqueta da elegância eclesial e assumiu a lógica das bolhas sociais reproduzidas pelas redes sociais. Portanto, se no passado era mais fácil separar o joio do trigo, hoje a mistura é que parece prevalecer no seio das comunidades eclesiais católicas. Os novos meios de comunicação interativos introduzem produtos de várias naturezas na vida das pessoas, sem licença e sem critérios prévios da parte dos receptores/reprodutores. Nessas redes, cada bolha social possui sua verdade e a reproduz com grande agilidade, rompendo com os mecanismos identitários tradicionais pautados em regras e padrões objetivos. Cada comunidade com sua verdade.

2. Quem são os tradicionalistas?

Os grupos tradicionalistas e as afirmações mais radicais podem ser logo identificados com essa denominação ou como católicos conservadores, por parte do senso comum, das apreciações e debates cada vez mais comuns nas mídias interativas e da grande mídia em geral. Contudo, determinadas posturas podem, muitas vezes, ficar posicionadas em uma zona limítrofe um tanto indefinida ou ainda permanecer inserida em um conjunto discursivo que esconde sua real vinculação com o imaginário tradicionalista. Por outro lado, muitas posturas ritual e esteticamente renovadas reproduzem, em muitos casos, conteúdos tradicionalistas. A pergunta *quem são* e *onde estão* não obtém uma resposta simples; ao contrário, exige observações mais cuidadosas e o conhecimento daquilo que, de fato, os constitui como segmento católico do passado e do presente. Os dois itens a seguir visam aproximar-se da questão, esclarecendo-a do ponto de vista conceitual e descrevendo suas características principais, detectáveis nas posturas e nos discursos por eles manifestas.

a) Definições

Primeiramente é preciso distinguir o tradicionalismo aqui analisado, ao menos de dois conceitos próximos. O primeiro diz respeito à escola filosófico-teológica organizada na França do século XVIII e XIX, denominada "tradicionalismo" que mereceu, inclusive, a condenação de papas – *Mirari vos* (1832), *Singulari nos* (1834) e *Pascendi* (1907) por afirmarem a revelação como única fonte da verdade e, por conseguinte, negarem a possibilidade de acesso à verdade por meio da razão. Nessa conotação precisa, tradicionalismo designa um movimento histórico-teórico formulado por pensadores como J. de Maistre, Bonnald, Lamennais, Boutain e Bonnety, mas que já perdeu sua visibilidade como tal, embora suas teses se encontrem presentes em muitos grupos religiosos de cunho fundamentalista e integrista, dentro e fora do catolicismo (Schlessinger; Porto, 1995, p. 2542).

A segunda distinção diz respeito à própria noção de *tradição*, dado cultural e religioso inerente aos processos de construção social das identidades religiosas e que adquire um lugar central no cristianismo. A noção de tradição (*traditio*) como transmissão dos conteúdos da fé nos diferentes tempos e nos espaços, pelos seguidores de Jesus Cristo, indica precisamente o contrário do tradicionalismo, na medida em que entende ser ela um processo de transmissão do passado no presente e, portanto, de discernimento circular entre as duas temporalidades, o que nega as dinâmicas da conservação intacta que caracterizam os diversos tradicionalismos. A tradição é a transmissão que se renova em cada tempo e lugar; em nome de uma experiência fundamental de fé (revelação) formulada em diferentes códigos de linguagem (textos canônicos e interpretativos) que vão sendo decodificados e recodificados por um consenso eclesial (magistério), a Igreja entende como missão a tarefa sempre atual de transmitir de novo aquele conteúdo fundamental por meio de linguagens sempre mais adaptadas à realidade presente (Kampling apud Eicher, 1993, p. 959-966).

Mas outros conceitos podem ainda ser tomados como sinônimos pela proximidade da ideia que designam. É o caso de *conservadorismo*, *integrismo* e *fundamentalismo*. Por conservadorismo se entende a atitude política de escolher preservar em vez de mudar; toda mudança é entendida como legítima desde que retome o passado. O conceito de conservadorismo é mais abrangente que tradicionalismo, uma vez que designa a postura geral de escolher conservar como regra, mesmo que não se fixe em um determinado modelo do passado, como no caso específico do tradicionalismo; o conservador pode negar uma mudança agarrando-se ao presente (há um regime que queira perpetuar), diferentemente do tradicionalista que cria sempre um modelo do passado como referência, via de regra, estruturado por conteúdos dogmáticos religiosos. Contudo, quase sempre o conceito é utilizado para designar a postura comum de defender a preservação em vez da mudança. Todo tradicionalista é um conservador, embora o conservador não seja necessariamente um tradicionalista.

O conservadorismo político tem o mesmo nascedouro dos tradicionalistas católicos e, muitas vezes, se identifica com esses. Trata-se da França do contexto da Revolução francesa e do Iluminismo. O pensamento conservador, onde se enquadram os tradicionalistas, oferece a chave de leitura da realidade contraposta àquela oferecida pela tradição iluminista que nega o passado e a tradição (teórica, política, teológica etc.) como época das trevas que impede o acesso à verdade e vida humana justa. O filósofo irlandês Edmund Burke (1729-1797) é considerado o pai do pensamento conservador. Suas teses foram expostas na famosa obra *Reflexões sobre a Revolução francesa* (1790).[1] Posicionado na contramão do Iluminismo, afirma o significado da história humana a partir do passado que a construiu e como saída para as crises de então a afirmação dos valores e dos padrões do passado: da velha Europa cristã da cristandade medieval (Nisbet, 1987, p. 14-43).

O integrismo designa especificamente a postura dos tradicionalistas/conservadores no tocante à rejeição do modernismo católico e à afirmação política de regimes anticomunistas. O catolicismo integral pretende *preservar sem nada perder* os valores tradicionais para a Igreja e a política. As teses de que o catolicismo é portador de uma verdade imutável e integral, capaz de dirigir e regenerar a sociedade, rege a doutrina integrista (Antoine, 1980, p. 11). O resultado é uma

---

[1] Tradução em português: BURKE, Edmund. *Reflexões sobre a revolução francesa*. Brasília: UnB, 1997.

integração necessária entre fé e razão (uma verdade católica => uma ciência católica) e entre fé e política (uma Igreja Católica => uma sociedade católica => um Estado católico). Os tradicionalistas atuais parecem oscilar em relação a essa postura clássica, embora tendam a abraçar as novas expressões da ultradireita política que retoma com bastante naturalidade as funções da religião na organização e exercício do poder. Se não sustentam mais a defesa explícita de um Estado católico, praticam uma espécie de "ecumenismo integrista" juntamente com outros credos com os quais se aliam no exercício do poder.

O fundamentalismo é mais um movimento que brota igualmente das reações à modernidade, tendo como território confessional o mundo protestante, concretamente na América do Norte. Em contraposição ao cristianismo (protestantismo) moderno que acolhe as ciências e o uso das mesmas na leitura do texto bíblico, segmentos protestantes norte-americanos lançam um movimento (*The fundamentals*) de volta aos fundamentos bíblicos como única fonte da verdade certa e segura.[2] A afirmação de uma verdade revelada presente no texto bíblico e de inerrância da mesma oferece a base do movimento. Se, nesse ponto, estão parcialmente de acordo com os tradicionalistas católicos, eles se distinguem por afirmar a exclusividade do texto bíblico (sem a tradição) e delegar o acesso à verdade diretamente ao indivíduo leitor (livre interpretação),

---

[2] A famosa coleção de textos *The fundamentals*, publicada em 12 volumes de 1910 a 1915, representa a doutrina do movimento. Vale conferir uma súmula publicada em português: *Os fundamentos*. São Paulo: Hagnos, 2005.

sem necessidade de um magistério que interprete oficialmente (Armstrong, 2001, p. 81-119).

Essas posturas com nascedouro comum, com valores comuns e com territórios políticos e eclesiais distintos, revelam a mesma insistência em encarar o presente como crise, em entender os tempos modernos como equivocados e por si mesmos sem solução, em propor uma referência de valor e ação, retirada de um fundamento seguro de verdade recebido do passado como revelação de Deus ou como lei inscrita na própria natureza.

b) O perfil tradicionalista

A existência, afirmação e expansão do fenômeno tradicionalista ocorrem de maneira plural no interior da Igreja Católica. Têm nomes variados, na medida em que se organizam em grupos de diferentes status eclesiais (grupo de direito pontifício, grupos de direito diocesano, grupos estruturados em comunidades, movimentos inseridos nas paróquias e comunidades católicas) e em várias frentes feitas de adeptos – clérigos e leigos – inseridos no interior da Igreja e participantes de suas rotinas pastorais. São grupos, nomenclaturas e frentes variadas, que comungam de uma postura comum nem sempre visível nos discursos e nas práticas, porém definida como causa substancial (que está por baixo) e, em certas conjunturas, como bandeira comum de lutas. A referência a um passado, concretamente à visão e prática da cristandade, constitui o denominador comum, como será explicitado mais à frente. Portanto, trata-se de uma diversidade que se mostra de modo institucional ou dissolvido, organizado ou individualizado, nominal ou anônimo dentro do corpo geral da Igreja. Pode-se localizar, portanto, as presenças seguintes do tradicionalismo:

a) *Presença explícita:* posturas manifestas de cardeais da Cúria romana, de bispos, padres e leigos que se opõem ao Papa Francisco e aos Sínodos da Família e da Amazônia, aos discursos do papa, qualificando-o como heterodoxo, herege e comunista.

b) *Presença implícita:* quando bispos, padres e teólogos afirmam, por exemplo, que a Exortação *Amoris laetitia* não trouxe nenhuma mudança, mas que reproduz os ensinamentos morais anteriores, quando afirmam que a *Igreja em saída* proposta por Francisco já estava presente no projeto de Bento XVI e não constitui nenhuma novidade, quando abraçam as causas da ultradireita emergente no planeta como saída para o Ocidente descristianizado.

c) *Presença organizada:* ocorre em grupos que se definem como tradicionalistas por suas posturas doutrinais e políticas, por suas liturgias e estéticas. Embora nem sempre autodeclarados como tradicionalistas, o perfil desses grupos revela suas opções sem necessitar de exames detalhados. São os casos visíveis dos Legionários de Cristo, dos Arautos do Evangelho, Administração Apostólica São João Maria Vianey e de muitas das chamadas "novas comunidades" que se definem na comunhão católica, mas também os que se posicionam fora da plena comunhão: caso da Fraternidade São Pio X e seus descendentes diretos e indiretos. No Brasil, a clássica TFP (Tradição Família e Propriedade) e a Associação Cultural Montfort perfilam esse seguimento.

d) *Novas organizações:* hoje se apresentam em novas comunidades católicas e, sobretudo, nas redes sociais, por meio de canais do YouTube, com causas e discursos muito próximos a esses dos grupos já tradicionais no cenário nacional.

O tradicionalismo afirmado e veiculado por esses grupos e frentes não é evidentemente idêntico, seja na rigidez do discurso, seja em detalhes ou foco privilegiado de um ou de outros. Contudo, mostra-se em algumas posturas e frentes comuns:

a) *Posturas comuns:* afirmação de uma concepção de Igreja fora do mundo (comunitarismo isolado do resto da Igreja e da sociedade) e detentora da salvação (neognósticos e neopelagianos na denominação de Francisco), concepção dualista da realidade (separação radical entre natural e sobrenatural, história e Igreja, história e escatologia), espiritualidade intimista (mística individualista e ascese rigorista), afirmação de uma estética litúrgica tridentina (liturgias em latim ou ritualismo triunfalista), negação de uma moral social centrada na justiça e igualdade social (deformação da fé e comunismo), moral rigorista centrada na norma objetiva (sem discernimentos de contextos e condicionamentos) e, no fundo de tudo, a afirmação de que a verdade tem seu porto seguro em modelos de vida eclesial, social e política do passado (quase sempre nos moldes tridentino e anteriores ao Vaticano II).

b) *Frentes comuns:* afirmação de um catolicismo autorreferencial e intolerante à diversidade religiosa e ao diálogo inter-religioso, insistência na temática do aborto como o problema central dos dias atuais e condenação da chamada "ideologia de gênero", afirmação do anticomunismo como antídoto que visa desqualificar todo discurso libertador, dispensa da reflexão crítica que situe histórica e cientificamente a doutrina da Igreja e os textos bíblicos.

Pode-se dizer, portanto, que hoje o tradicionalismo constitui um dado social católico, estando presente como perfil que define os grupos religiosos, uma política eclesial definida, na medida em que os grupos são públicos e reconhecidos pela Igreja como legítimos, de uma cultura tradicionalista que se dissemina pelo conjunto do corpo eclesial por meio de movimentos instituídos e, de modo expressivo, das mídias de grande alcance.

3. Onde estão os tradicionalistas?

O projeto tradicionalista não é, portanto, uniforme, embora tenha as características anteriormente citadas. Pode-se dizer que ele se estrutura e funciona dentro da Igreja a modo de esferas concêntricas:

1ª) Uma primeira esfera constitui um *núcleo duro isolado e paralelo* à oficialidade católica. É francamente antimoderno (contra toda racionalidade moderna), anti-Vaticano II (nega o Concílio como o último da série dos Concílios anteriores por considerá-lo herege) e antipapa (por entender que o papado está vacante desde a morte de Pio XII, sendo João XXIII herege e, portanto, ilegítimo). Este se constitui em um dos grupos integristas radicais que se identificam com esse perfil sem problemas, ao se afirmar como separatista, por acreditar possuir a verdade católica autêntica e ser o portador da verdadeira tradição.

2ª) Segunda esfera *resistente ao magistério papal.* Constituída por sujeitos e grupos antimodernos, anti ou reticentes ao Vaticano II e, hoje, anti-Francisco. Luta por hegemonia dentro da Igreja, sem escrúpulos em fazer oposição explícita ao papa e seus ensinamentos. Composta por alguns cardeais, por setores do catolicismo conservador norte-americano, por alguns grupos anteriormente mencionados, como os Legionários de Cristo e os Arautos do Evangelho; vive uma espécie de "comunhão eclesial líquida" que rompe com o *ethos* da comunhão eclesial católica e com a fidelidade papal, numa postura bastante próxima do primeiro núcleo.

3ª) A terceira esfera *resistente e inserida na Igreja.* Como já foi dito, essa é constituída por frentes e sujeitos eclesiais igualmente antimodernos, reticentes ou contrários ao Vaticano II e anti-Francisco, porém socialmente encaixados na estrutura da Igreja e alojados na rotina eclesial. São bispos e clérigos que exercem regularmente suas funções na Igreja e publicamente declaram plena comunhão com o papa; são também legítimos (grupos de direito diocesano ou pontifício, prelazias particulares) e integram movimentos inseridos no corpo eclesial. A estratégia é a do boicote e da indiferença nos discursos e práticas pastorais, bem como a da defesa de fachada do Vaticano II e do projeto reformador do Papa Francisco.

Os grupos, frentes e modos de organização revelam que o tradicionalismo é uma postura católica que opera dentro e fora da Igreja, sustentando ideias e práticas com um fundo comum, cujo núcleo central consiste na afirmação de um modelo de visão e de prática da fé assentado em modelos do passado assumidos como referência rígida para o presente. Essa frente pode ser desenhada de modo tipificado com as seguintes características ou estratégias comuns:

a) Eternização: as coisas sempre foram como são e não podem ser modificadas no decorrer da histórica, ainda que as mudanças históricas sejam um dado imediato percebido pela intuição da passagem do tempo, assim como pela evidência física das mudanças de época ou pela constatação racional das modificações das mentalidades e das práticas humanas.

b) Universalização: a verdade herdada do passado e claramente formulada em modelos de interpretação e vivência é afirmada como única e aplicada a todos em todos os tempos e lugares sem modificações, ainda que a pluralidade seja um dado observado nas passagens de uma época para outra, ou de uma realidade sociocultural para outra.

c) Idealização: as ideias afirmadas como verdades herdadas do passado são melhores que o presente; são superiores à realidade concreta; princípios absolutos que regem a vida em todas as suas configurações, independentes das formas plurais e diversas que possuam, bem como independentes da conexão inevitável de todos os grupos humanos aos condicionamentos e conjunturas históricas concretas.

d) Conclusão: as representações e os valores afirmados são verdades concluídas e definitivas e não podem sofrer mudanças; há uma solução definitiva para os problemas históricos em modelos oferecidos como únicos, verdadeiros, bons e belos; o provisório é sempre perigoso, e o definitivo é a base de toda segurança racional, social e política.

e) Hierarquização: a realidade é vista como um sistema hierárquico que descende de cima para baixo, partindo de Deus e chegando ao ser humano, partindo da autoridade religiosa e chegando aos subalternos, partindo da verdade e chegando à história, partindo do poder centralizado e chegando aos grupos e indivíduos.

f) Divinização: os valores defendidos têm seu fundamento em uma realidade sobrenatural e, por essa razão, são fixos e preservados com temor sagrado e com reverência; aquilo que desviar dessa unidade e segurança dogmaticamente garantidas constitui desvio grave da única verdade que tem no sobrenatural sua fonte permanente e imutável.

g) Espiritualização: a fé cristã como algo puramente espiritual, acima e em oposição à realidade material e histórica, embora se posicionem politicamente a favor de projetos políticos de cunho conservador.

h) Autorrefenciação: as referências afirmadas como verdades são por si mesmas boas e normativas e, portanto, constituem o centro a partir de onde tudo é visto e julgado doutrinal, moral e politicamente e as diferenças negadas como falsas e perigosas.

Estas características descrevem de modo típico ideal a visão e a prática de fundo da mentalidade tradicionalista. O que pode ter alguns significados que precisam ser mencionados, que são características de fundo nem sempre percebidas de modo imediato nos grupos e frentes concretos; são também características ou tendências que predominam na visão e nos comportamentos dos mesmos. Nem todos os grupos portam todas elas como eixos de suas percepções e atuações, embora possam possuí-las em graus e extensão distintos. Como toda tipificação, essas características permitem identificar e mapear metodologicamente os comportamentos religiosos concretos em suas características reais e distintas que se mostram de maneira direta. As estruturas de fundo do sistema tradicionalista serão expostas e analisadas no próximo capítulo.

***

Para os tradicionalistas, a tradição é entendida como repasse linear de um passado imutável na situação presente, repetição de algo fixo como valor norteador do presente. A tradição é a sequência daquilo que se arranca de um passado remoto e se perpetua como sentido imutável, algo que brota acabado de uma fonte primeira e que se apresenta como definitivo e eterno. Portanto, para essa concepção, a tradição não muda e não pode mudar porque detém a verdade capaz de orientar desde sempre e para sempre. A verdade, a bondade e a beleza residem no passado que se repete de modo fixo e intacto em cada tempo e lugar. O que ousar modificar esse arcabouço fixo e imutável é visto como traição e ruptura perigosa com a estabilidade; perda de sentido e desagregação da unidade (Berger, 1985, p. 42-64).

Nessa perspectiva, a tradição é como um fóssil, algo que foi vivo um dia e que se torna petrificado pela ação do tempo e não muda jamais a sua forma original. Os que entendem a tradição da fé como um passado fossilizado a ser preservado, afirmam que a verdade é sinônimo de passado, que a transmissão da fé é repetição exata da fórmula antiga e que o hoje deve ser a pura repetição do ontem, sem nenhuma alteração. Essa visão de tradição é, na verdade, tradicionalismo: modo de compreender a tradição como conservação (conservadorismo) e como repetição de uma compreensão formulada no passado (fundamentalismo). Em ambas as posturas, aquilo que foi datado no tempo e no espaço e se fixou como regra e costume torna-se intocável e perpetua-se como algo imutável, de onde provém a verdade. O tradicionalismo nega que se possa construir de novo, hoje, como se construiu no passado. As estruturas são permanentes na forma da lei, das instituições e dos papéis, e seu funcionamento concorre para a sua perpetuação, ainda que a história insista com suas evidentes transformações (Nisbet, 1987, p. 49).

CAPÍTULO II

A origem e o começo do tradicionalismo

A distinção entre origem e começo, feita pelo filósofo Karl Jaspers (1991, p. 15), ajuda a explicar a gênese dos movimentos históricos. O começo de um fato social ou de um movimento histórico significa a data e o local em que tiveram início. O esforço de explicar o começo exige expor o contexto, as motivações, os sujeitos e os projetos elaborados no tempo e no espaço que dão origem a um movimento qualquer. O tradicionalismo nasceu em um contexto histórico demarcado com sujeitos e ideais definidos e se desenvolveu nas épocas posteriores em formatos variados. O começo reclama pela história, enquanto a origem pede a exposição das razões e das ideias. Se o começo passa inevitavelmente, a origem permanece.

A origem é a fonte permanente da qual brota o movimento, fonte que fornece os ideais e as regras que vão nortear o movimento no tempo e no espaço, na medida em que as coisas mudam. A origem é, via de regra, canonizada como narrativa fundante de natureza mítica ou conceitual, em ambos os casos como doutrina que estabelece um plano geral de visão e ação para um determinado movimento. Pode-se falar, então, em doutrina do tradicionalismo ou também em filosofia do tradicionalismo, sendo que essa referência de fundo agrega os adeptos em torno de um imaginário comum capaz de nortear os comportamentos e emitir juízos de valores em relação à realidade como um todo. Trata-se, evidentemente, de um conjunto construído histórica e socialmente que nasce e se desenvolve alcançando um patamar de consistência como sistema de ideias e valores, na medida em que tem como vocação se apresentar como verdade para o grupo. Nesse sentido, uma origem se consolida quando alcança, ao mesmo tempo, coerência sistêmica e normatividade; torna-se, assim, um modelo universal de ideias e ações que se impõem por sua veracidade e necessidade. Na narrativa conceitual da origem do tradicionalismo se inscreve a regra de uma verdade estável que tem como última raiz um paradoxo: a relação entre eternidade e a historicidade. Concretamente opera com a estipulação de um modelo histórico de verdade pura que existe desde sempre, mas que se encarna em modelos paradigmáticos do passado que são adotados como encarnação da verdade única e eterna.

1. O começo e o desenvolvimento do tradicionalismo

Como já foi mencionado, o tradicionalismo católico nasce no contexto do processo de modernização, quando a história ocidental assume configurações novas, a partir do contexto da Revolução francesa

(1789-1799). A luta interna entre renovação e preservação das práticas e ideias no interior da longa temporalidade da modernidade é por demais complexa; são séculos de gestação do novo por dentro do velho, o que ocorre de maneira lenta, gradativa, desalinhada e heterogênea. Hoje é consenso entre os estudiosos que o processo de modernização que vai abrangendo as diversas dimensões da vida humana, a partir da Europa central, acontece em uma longa temporalidade que não permite unificar o movimento em uma única causa localizada e, muito menos, em datas precisas. O fato histórico da modernização é resultado de um longo processo que, para muitos, deita suas raízes no mercantilismo nascente, ainda na baixa Idade Média. Para outros, é nesse mesmo período que se deve buscar as raízes da modernidade, quando o pensamento aristotélico assume o comando da investigação no seio das universidades no século XIII. E nesse ambiente, como bem descreve Lima Vaz (2005, p. 55-73), é possível já mapear uma luta entre conservadores e renovadores do pensamento (e da ordem político-jurídica, cultural e religiosa). As universidades, de modo emblemático a Universidade de Paris, foram os palcos precoces de uma luta entre o moderno e o tradicional; luta marcada por dimensões teóricas e políticas que envolvem reis, bispos e papas, na busca de solução entre autonomia e autoridade racionais e políticas.

Não será exagero dizer que as universidades prenunciavam uma luta que atravessaria os séculos, chegando até nossos dias. O Ocidente voltou sempre às fontes greco-romanas e às fontes judaico-cristãs para construir, desconstruir e reconstruir suas referências teóricas, éticas, políticas e jurídicas (Nemo, 2005). A luta entre modelos centrados em ideias (essências) postadas antes e acima dos processos históricos como verdades estáveis e modelos de cunho histórico, que afirmam sempre mais a necessidade de buscar na relatividade histórica as razões e os valores fundantes da realidade, parece escrever o roteiro mais substancial da epopeia ocidental concretizada nas ciências, na política e nas religiões. Nesse sentido, a postura de preservação de uma verdade supra-histórica acompanhou o processo de modernização como antídoto certo e seguro das mudanças inevitáveis e crescentes e alimentou as ideias religiosas, filosóficas e políticas. Há que afirmar, portanto, como pressuposto prévio, a existência de um tradicionalismo presente no interior da longa temporalidade da modernização. A Igreja Católica foi, sem dúvidas, o território e o baluarte dessa resistência ao moderno, até atingir pontos de inflexão histórica desde o final do século XIX.

a) As transformações modernas

A modernidade entendida como ideal, projeto e prática, que gradativamente vai redesenhando a sociedade ocidental, a partir de novas referências, pode ser definida como *emergência do sujeito*. A sociedade medieval autorreferenciada como objetividade religiosamente fundamentada e hierarquicamente estruturada foi sendo desestruturada pela práxis do indivíduo: o eu sempre mais consciente de si, portador de autonomia e capaz de ação refez, passo a passo, o processo produtivo (eu produzo), as organizações políticas (eu escolho), a produção cultural (eu crio), a vida religiosa (eu creio) e a investigação científica (eu penso). Do século X ao XIX a velha ordem medieval foi substituída lenta e progressivamente por uma nova ordem centrada, então, no sujeito e não mais na ordem teocêntrica. O século das luzes expôs de modo contundente o significado dessas transformações que já haviam desestruturado a velha ordem com a reforma religiosa protestante, com as revoluções políticas democráticas, com a revolução industrial e com as revoluções científicas.

A desconstrução da velha ordem se deu, evidentemente, como ruptura e conflito, quando o novo e o velho se relacionavam de diferentes formas, numa dialética múltipla feita ora de oposição, ora de paralelismo e ora de interação. Como em toda mudança, a crise foi inerente ao percurso e exigiu tomada de consciência da parte dos vários segmentos, que, de uma forma ou de outra, se envolviam nas lutas pela renovação e pela conservação. A história do pensamento europeu retrata em suas tendências essa dualidade que tinha no transfundo epistemológico a afirmação da tradição metafísica e dogmática, base de uma antiga ordem, e o pensamento empírico e histórico como elaboração dos novos tempos.

O sistema teológico-cosmo-político que sustentara a cristandade medieval ruiu gradativamente, a começar pela ruptura entre Deus e a natureza, desde que a nova física – com Galileu e em seguida com Isaac Newton – expôs as leis imanentes do cosmos, desfazendo o nexo entre causas sobrenaturais e efeitos naturais. O segundo nexo, agora de ordem histórica, será o próximo a ser desfeito numa circularidade crescente entre as experiências democráticas e a formulação de um pensamento político centrado na autonomia dos indivíduos e povos (Lilla, 2007). Mas parece ser do sistema produtivo que adveio a crise mais generalizada que não somente avança em termos de exposição das contradições dos novos tempos, mas também envolve os restos da plebe medieval, agora proletarizada, em uma luta social crescente contra a própria ordem política do Estado moderno. A luta social ultrapassava a mera luta das ideias já em curso no século XVIII no âmbito da filosofia das luzes e exigia novas formas de interpretar a história, contra ou com a tradição católica.

A França foi o cenário de uma contraposição explícita entre o pensamento moderno e a tradição católica por razões compreensíveis: por ser um Estado moderno unificado desde a Revolução francesa, enquanto a Itália e a própria Alemanha ainda buscavam os meios de unificação, por se tratar da velha França católica, enquanto em outros países da Europa o pensamento protestante gozava de hegemonia, pela tradição das luzes que ali fizera história como referência interpretativa de forte lastro teórico, social e político. É nesse contexto que o tradicionalismo adquiriu uma formulação teórica como princípio e método de interpretação da história e, por conseguinte, como estratégia política que defendia a velha ordem da cristandade.

b) O começo do tradicionalismo

Portanto, o começo do tradicionalismo inscrito como movimento histórico, teórico e religioso tem contexto e data. Como todo movimento conservador, foi uma ideologia reativa ao processo de modernização que já se tornara hegemônico em algumas partes da Europa, desde as revoluções liberal, industrial e científica. Tratava-se de uma ideologia conservadora "posicional e reativa", como define Coutinho (2014, p. 31). As trilhas variadas e os múltiplos sujeitos do movimento compõem uma autêntica dialética de reações aos tempos modernos; dialética feita de inimigos teóricos e dogmáticos, mas que lançou as bases comuns de uma reação que assume configurações concretas nos séculos seguintes. Os tradicionalismos reagem aos tempos modernos com a ilusão de "avançar para trás" em nome da autenticidade da verdade e da eficácia histórica, marcada naquele instante por agudas crises de todas as ordens. Avançar para trás era, sem dúvidas, por um lado, uma estratégia inócua, por ser historicamente impossível, mas, por outro, afirmava um modelo de civilização que ainda mantinha seus resíduos concretos em regimes políticos e, evidentemente, na estável racionalidade católica. Não eram somente os pensadores de identidades católicos que lançavam esse brado. Também da parte das ciências normais da sociedade já secularizada se forjavam paradigmas empenhados na afirmação de valores morais e políticos do passado, caso emblemático do positivismo francês.

Havia inimigos comuns a essas afirmações tradicionais: os movimentos sociais de viés marxista e as novas ciências que dispensavam as leituras de fé. Nesse sentido é que se pode distinguir o tradicionalismo como escola de pensamento surgida no século XVIII na França e logo condenado pelos papas e o tradicionalismo como movimento amplo que avança no catolicismo como reação ao modernismo e que conta com a formulação oficial dos mesmos papas que haviam condenado aquele movimento localizado. Os dois tópicos a seguir vão expor cada um dos movimentos.

c) O tradicionalismo francês

O tradicionalismo tem seu ponto de partida na reação de católicos franceses aos danos causados pela Revolução francesa à Igreja Católica; entendem que a Revolução desestruturou, de fato, a ordem anterior centrada na monarquia e, evidentemente, em Deus. O ideal desses pensadores é reafirmar apologeticamente a visão católica estruturante da cultura, da sociedade e da política nos tempos anteriores à revolução. A ordem fundada em Deus é afirmada como única solução para os problemas que vivem a França e os países que se modernizam. A Igreja Católica e a monarquia representam as instituições legítimas e capazes de recompor uma sociedade justa e uma cultura fundada na verdade. Os fundadores do tradicionalismo criticam o racionalismo moderno e o individualismo do século XVIII que geraram o ceticismo, e afirmam ser a revelação a única fonte da verdade. Em clara contraposição à filosofia das luzes, essa posição mereceu a condenação dos papas, tendo em vista a tradição tomista que se detinha nas duas vias de acesso à verdade: a revelação e a razão.[1] A doutrina tradicionalista vincula novamente a

---

[1] Condenações ao tradicionalismo: Gregório XVI a Lamennais nas Encíclicas *Mirari vos* de 1832, seguida da *Singulari nos* de 1834; contra as teses de Luis Eugène Boutain de 1831 e de 1840; Pio IX edita o Decreto de 1855 contra as teses tradicionalistas do teólogo Augustin Bonnetty.

unidade perdida *Deus-Igreja-política* e chega a afirmar a necessária centralidade do papa nesse sistema. Assim resume Lamennais: "Sem papa não há Igreja; sem Igreja, nenhum cristianismo; sem cristianismo, nenhuma religião e nenhuma sociedade: de sorte que a vida das nações europeias tem (...) sua única fonte no poder pontifício" (apud Lacoste, 2004, p. 1749).

Pode-se dizer que o destino do tradicionalismo padeceu da mesma rotinização de outros movimentos, contando, entretanto, com o avanço do pensamento e da sociedade modernos que o desautorizava sob todos os aspectos como defensores de uma época historicamente superada. As referências doutrinais e os imaginários do tradicionalismo alimentaram movimentos que dele descenderam e que se institucionalizaram no decorrer do século XX.

d) O tradicionalismo católico

O tradicionalismo francês, embora tenha merecido a condenação oficial de papas, movia-se em um território sob vários aspectos comum ao do magistério da Igreja Católica, sobretudo a partir da segunda metade do XIX. As reações ao processo de modernização foram também pauta da hierarquia e de pensadores católicos na Itália, onde o processo de unificação italiana e a perda dos Estados pontifícios ofereciam o solo minado de uma era que retirava da cena política a centralidade do papa e da Igreja. Os ensinamentos dos papas sobre a modernidade demarcavam igualmente um posicionamento crítico que via nos novos tempos uma transgressão da ordem desenhada por Deus no cosmos e na história.

Vale citar um discurso emblemático do Papa Pio IX a um grupo de franceses antimoderno em 18 de julho de 1871:

> O que aflige o vosso país e o impede de merecer as bênçãos de Deus é essa mixórdia de princípios. Eu direi a palavra e não a calarei: o que me faz medo não são esses miseráveis da Comuna, verdadeiros demônios do inferno que passeiam sobre a terra. Não, não é isso; o que me faz medo é essa política malfadada, esse liberalismo católico que é o verdadeiro flagelo (apud Antoine, 1980, p. 12).

O discurso expressa a posição do papa que já estava consignada no *Syllabus* de 1864 e no Concílio Vaticano I (1870). A modernização do catolicismo era o grande perigo a ser enfrentado pela Igreja, sabendo que lá fora a história já evidenciava uma nova fase, seguramente sem recuos para modelos anteriores. A luta era, portanto, entre o pensamento católico tradicional e o pensamento católico moderno.

A modernidade consolidou-se como ruptura com a ordem e a racionalidade medievais, desde a virada do primeiro para o segundo milênio tecera uma dialética com o sistema político-teológico instaurado pela reforma gregoriana que tinha o papa como centro do poder teocrático, na baixa Idade Média dá os primeiros passos no regime teórico-metodológico escolástico e dele descende como passagem da filosofia natural para as ciências naturais (Grant, 2009, p. 353-412) e nos tempos da Renascença constrói rupturas definitivas e emblemáticas com a reforma protestante. A passagem do antigo para o moderno ocorre de modo processual; diferentemente das narrativas iluministas da ruptura abrupta, pode-se afirmar que, na verdade, a nova era moderna nasce como filha natural da própria Idade Média que avança em suas representações teóricas e em suas práticas políticas, quando da passagem gradual dos feudos para as cidades, da evolução do agostinianismo para o aristotelismo e da invenção das corporações autônomas. No entanto, esses germes de novidade tornam-se muito cedo referências cristalizadas de um regime que mantém a Igreja no centro de comando da cultura, da política e da sociedade de um modo geral. De um mesmo nascedouro renovador que tem seu ápice e fonte fecundos no século XIII, o Ocidente foi bifurcando-se em duas direções distintas que separavam sempre mais uma ordem antiga de uma nova ordem efetivamente transformadora. Pode-se desenhar sumariamente uma separação que ocorre: a) a partir das fontes teóricas entre a filosofia natural de matriz aristotélica que permanece prisioneira das universidades e as ciências naturais que nascem e se desenvolvem fora das universidades nas mãos de genialidades como Galileu e Newton; b) a partir das corporações autônomas que separam aquelas antigas (preservadas pelas universidades e pela maçonaria) das novas que ganham fôlego e amplitude política nas novas comunas e adquirem uma fisionomia política republicana cada vez mais nítida; c) a partir da dogmática centrada no Deus revelado da tradição bíblica do Deus natural e racionalmente necessário para assegurar a origem da própria autonomia das leis da natureza.

De um lado, as tradições católica e escolástica se afirmam como baluartes seguros de uma ordem pensada, desenhada e conduzida por Deus pelas mãos da Igreja; de outro, uma nova referência cosmológica, política e teórica constitui, em posição equidistante e sempre mais oposta, uma nova racionalidade, francamente secular e centrada na autonomia dos indivíduos e dos governos democráticos. A Igreja Católica zelou e controlou essa racionalidade em suas instituições e em seus ensinamentos oficiais. O recrudescimento progressivo de ambos os lados desenha o campo de forças no qual se inserem os tradicionalismos de ontem e de hoje, dentro e fora do catolicismo. O século XIX representa o auge dessa polarização.

e) Marcos constitutivos dos tradicionalismos católicos

As expressões do tradicionalismo católico se referenciam direta ou indiretamente em algumas fontes, pode-se dizer, "canônicas", fontes adotadas como autoridade de fé para fundamentar e justificar suas posturas e como chaves de leitura para interpretar o mundo, a Igreja e a si próprios. A escolha dessas fontes já designa, evidentemente, suas opções teológicas (ideológicas, teóricas e políticas) demarcadas em uma temporalidade assumida como parâmetro teórico, ético e político para o conjunto da história. Como toda escolha de fontes do passado ela se faz a partir de alguns princípios hermenêuticos: a) seleção: opção por um conjunto ou parte de textos normativos que termina por esquecer ou ignorar outros; portanto, esses textos escolhidos não consideram outros emanados do mesmo magistério da Igreja, como no caso dos primeiros ensinamentos sobre a questão social; b) circularidade: a relação entre os conteúdos do texto do passado adotado e as pré-noções do presente (de ordem política e cultural) se dão inevitavelmente, o que redunda, não somente em releituras dos mesmos em função dos interesses atuais, mas em aplicações que constroem o passado no presente; c) aplicação: os textos são aplicados como parâmetros normativos, por si mesmos autoritativos, que visam constituir interpretações, adesões e militâncias no presente; essa aplicação acontece de modo diferenciado e dentro das possiblidades políticas e institucionais dos grupos e tendências, indo desde um uso teórico em obras produzidas pelos mesmos até em práticas eclesiais, sociais e políticas concretas. É possível localizar três aglutinações de fontes acolhidas e utilizadas pelos tradicionalistas, com diferentes formas de selecionar e aplicar as mesmas, a depender da identidade e da linhagem de cada qual.

1ª) Concílios modernos: os Concílios modernos (V Latrão, Trento e Vaticano I) aconteceram como acertos de contas com os impactos modernos na tradição e na práxis da Igreja Católica que, desde essa época, perde sua hegemonia. Deles emergiu uma Igreja com uma identidade mais definida, mais autocentrada em suas tradições, estruturas e linguagens e, por conseguinte, em uma postura de rejeição às mudanças modernas que alteraram o campo consolidado da cristandade com as reformas protestantes e, cada vez mais, o campo da vida social de um modo geral. O que se revela nessas assembleias é uma busca de compreensão do catolicismo sobre si mesmo, de forma a construir referências claras e seguras perante as transformações históricas que avançavam irremediavelmente sobre o conjunto das sociedades ocidentais. A Igreja Católica nunca tivera tanta clareza e segurança sobre si mesma, sobre a tradição e sobre a verdade de fé, sobre o papel do papa, como agora, após esses Concílios.

O Concílio de Trento estruturou uma identidade católica clara e segura que foi sendo consolidada mediante as estratégias reformadoras adotadas nos tempos posteriores (Libanio, 1984, p. 23-77). Emergiu desse Concílio uma Igreja Católica Romana definida a partir da tradição anterior, porém incorporando elementos novos que respondiam aos intentos de rejeição à Reforma protestante e de reforma de si mesma. As noções da natureza e missão sobrenatural da Igreja, de serviço à salvação da qual se reafirma portadora exclusiva, dos sensos de hierarquia, de comunhão com o papa, de unidade da doutrina e de costumes, de obediência à Igreja e, também, a rejeição dos erros contidos nas tradições oriundas das reformas, constituíram um imaginário eclesial, um método de pregação e uma práxis canônica que consolidaram um marco e um modelo de catolicismo autocompreendido como única Igreja de Jesus Cristo, portadora da verdadeira tradição e da doutrina autêntica nascida dos ensinamentos do próprio Mestre. As definições de Trento deram à história do catolicismo fontes doutrinais claras e seguras, seguidas de cânones que determinavam com rigor as práxis sacramental e litúrgica, bem como uma disciplina que enquadrava como heresia tudo o que destoasse dos ensinamentos ali promulgados.

O Vaticano I, embora não ofereça um sistema teológico completo, uma vez interrompido em 1870, consolidou a tradição tridentina, dando um forte acento aos erros da modernidade e reforçando a imagem de uma Igreja detentora da autêntica verdade e custodiada pelo próprio Cristo com o dom da infalibilidade (Pelikan, 2016, p. 303-314).

Os Concílios de Trento e do Vaticano I forneceram essa matriz eclesiocêntrica de uma identidade afirmada contra outras identidades, que se vai consolidar nas épocas seguintes como uma espécie de "Igreja concluída". A força dessa percepção de segurança exercida pela Igreja forneceu e fornece matéria-prima para alimentar posturas de crítica e rejeição aos pluralismos que vão demarcando e estruturando os tempos modernos. O retorno permanente a essas fontes e, sobretudo, a práxis segundo essas regras ofereciam à Igreja uma identidade segura de si mesma, na medida em que a era moderna avançava com seus resultados e métodos, fora e dentro da Igreja. Essas referências oficiais alimentam com força de autoridade as expressões atuais do tradicionalismo e permitem a esses compor visões de mundo e de Igreja, normas de vida, práticas litúrgicas e, até mesmo, certas identidades estéticas.

2ª) Documentos papais: antes e depois dessas definições conciliares, documentos papais foram promulgados com o intuito de discernir os tempos modernos, segundo a perspectiva católica que visava preservar sua tradição sobre temáticas variadas (Dezinger-Hünermann, 2007,

p. 600-640; 737-753). De fato, as mudanças modernas pautavam gradativamente a oficialidade católica que, em nome de uma tradição, de um sistema teórico-doutrinal e de uma convicção social e política, se empenhava em responder com veemência àquilo que julgava perigoso à verdade da fé e da humanidade. O Papa Pio IX posiciona-se nos tempos modernos como o mais defensivo em relação às mudanças modernas: as novas correntes de pensamento, teorias científicas e políticas que colocavam em dúvida a hegemonia da doutrina católica. O documento mais expressivo desse conjunto é, por certo, a coleção dos erros modernos – *Syllabus* –, promulgada por Pio IX em 1864, catálogo de condenações já prescritas em outros documentos e pronunciamentos (ao todo 32) por ele publicados de 1846 a 1864.

Documentos críticos às ideias e práticas modernas:

– *Mirari vos* (Gregório XVI, 1832): contra as doutrinas liberais defendidas pelo filósofo católico francês Lamennais no *Jornal L'Avenir*, designadas como "indiferentismo e racionalismo", seguida da *Singulari nos* (Gregório XVI, 1834) em resposta às defesas elaboradas por Lamennais.

– *Qui pluribus* (Pio IX, 1846): sobre os erros do racionalismo da filosofia moderna.

– Carta *Gravissimas inter* (Pio IX, 1862): condena as teses do teólogo Jakob Frohschammer que defendia a liberdade das ciências.

– Encíclica *Quanta cura* (Pio IX, 1864): contra os graves erros da modernidade, o naturalismo e o socialismo e a afirmação da independência da Igreja em relação ao poder civil.

Em anexo a essa Encíclica foi inserida a citada coleção de erros, *Syllabus,* com as seguintes proposições: 1. Panteísmo, naturalismo e racionalismo absoluto; 2. Racionalismo moderado; 3. Indiferentismo, latitudinarismo; 4. Socialismo, comunismo, sociedades secretas e clérigo-liberalismo; 5. Erros a respeito da Igreja e seus direitos; 6. Erros a respeito da sociedade civil considerada em si mesma e sem suas relações com a Igreja; 7. Erros a respeito da ética natural e cristã; 8. Erros a respeito do matrimônio cristão; 9. Erros relativos à soberania do romano Pontífice; 10. Erros que se referem ao liberalismo hodierno.

– Decreto *Lamentabili* (Pio X, 1907): condenando o modernismo, uso de ciências modernas por teólogos católicos.

– Encíclica *Pascendi dominici gregis* (Pio X, 1907): contra os erros modernistas

– *Motu proprio Sacrorum antistitum* (por Pio X, 1910): juramento antimodernista exigido dos professores de escolas católicas.

A sequência de documentos que renegam e condenam ideias e práticas modernas como estranhos à reta doutrina revelam alguns aspectos que valem ser mencionados: a) um crescendo em relação aos posicionamentos que fecha o cerco sobre as influências da modernidade no pensamento católico; b) esse crescendo afirma uma visão de ciência, de Igreja e de sociedade pré-modernas, ou seja, como universo independente das ideias e práticas modernas; c) nega como legítima uma racionalidade autônoma (filosofia e ciências), bem como o princípio da autonomia individual, em termos políticos, ideológicos e religiosos; d) afirma como princípios e métodos distintos, mas não contraditórios, as verdades racionais e reveladas; e) condena o racionalismo (que nega a fé) e o tradicionalismo/fideísmo (que nega a razão) f) controla os influxos da racionalidade moderna na reflexão teológica.

Esses documentos papais constituem ainda hoje um "baú de coisas velhas", ainda visitado de modo seletivo por grupos e tendências tradicionalistas. Há que lembrar para o bem da verdade, que, no intervalo entre os dois papas Pios anteriormente mencionados, posiciona-se o pontificado de Leão XIII. Esse papa, mesmo que sustentando uma visão teológica eclesiocêntrica e uma rejeição às ideias modernas, assume uma posição de discernimento das coisas novas e nessa direção promulga seus documentos que avançam no diálogo com os tempos modernos.

3ª) O sistema escolástico: a matriz teórica (filosófica, teológica e científica) que rege os posicionamentos antimodernos católicos é o sistema escolástico, mesmo que possa exibir, de fato, distintas correntes no decorrer do tempo e no contexto do século XIX, já se fale em neoescolástica ou em neotomismo, formas de retomada dos conceitos fundamentais elaborados na baixa Idade Média. Sem diminuir a importância do prefixo *neo* que designa renovações na velha tradição escolástica, não há dúvidas de que foi esse sistema que forneceu a base conceitual para todos os posicionamentos antimodernos dos papas e dos Concílios. A tradição escolástica resistiu ao pensamento moderno que avançava em todas as direções e configurava uma nova percepção da realidade, a partir da filosofia e das ciências modernas. As universidades de matriz medieval (estruturada nas Faculdades de Artes, Medicina, Direito e Teologia) foram sendo modernizadas, na medida em que as ciências modernas ganhavam consistência epistemológica e legitimidade política no âmbito dos Estados modernos. O modelo medieval sobrevivia, entretanto, sob a guarda pontifícia da Igreja, particularmente nas universidades romanas. A Igreja preservava essa tradição como arsenal que oferecia doutrinas, conceitos e métodos para pensar o mundo, o homem, a história, a política e, antes de tudo, para pensar a sua própria tradição doutrinal e seu status sagrado na história.

A escolástica é um sistema formado como resultado do encontro de elementos da tradição bíblica cristã e das filosofias gregas de viés platônico, estoico e aristotélico. Dessas matrizes decorrem algumas balizas que permitem à Igreja enfrentar criticamente a racionalidade moderna que avança sempre mais: a) cosmologia que integra a totalidade do real (Deus-mundo-homem, tempo-eternidade, origem-meio-fim) *versus* novas ciências que expõem a lógica imanente do mundo de modo cada vez mais particularizado e fragmentado; b) visão hierárquica da realidade (Deus-Jesus, Cristo-Igreja-poder temporal) *versus* visão e práxis de autonomia moderna; c) distinção e articulação das verdades de fé e de razão *versus* ciências modernas construídas sem referências metafísicas e dogmáticas; d) centralidade da Igreja no processo de revelação exclusiva do judeu-cristianismo *versus* afirmação da tolerância e das liberdades religiosas; e) metodologia dedutiva, pautada nas regras da lógica formal aristotélica *versus* métodos indutivos dedicados ao estudo da natureza, da história, das religiões e dos próprios conteúdos da tradição católica.

Esse quadro de dicotomia sem solução terá que aguardar o século XX para achar caminhos de reconciliação e a construção de novas sínteses. Os tradicionalismos de ontem e de hoje adotam esse sistema como base fundamental de pensamento, ainda que, nos tempos atuais, exibam um nítido paralelismo entre os resultados das ciências e essas categorias antigas. O item seguinte vai detalhar esse mapa que gera e sustenta a mentalidade e a prática tradicionalista.

2. As origens do tradicionalismo

As bases doutrinais anteriormente estabelecidas pelo magistério da Igreja Católica revelam uma constante do universo teórico e político do século XIX. No plano mais geral, a luta entre a racionalidade das luzes e a racionalidade tradicional escolástica que demarca o cenário intelectual a partir da França revolucionária; no plano doutrinal cristão, a luta entre dogma e relativismo; e, no plano político, a luta entre Igreja e Estado moderno. No fundo, trata-se de duas racionalidades em confronto, uma centrada na objetividade irrefutável da revelação e outra, na historicidade da natureza, das instituições e das ciências. O confronto se concretiza do ponto de vista teórico e metodológico: de um lado, a matriz metafísica e dogmática formulada pelo rígido sistema escolástico e operacionalizada pela lógica dedutiva, da parte católica, ou pelos fundamentos bíblicos, da parte protestante, e, de outro, um método indutivo que acolhe a pluralidade e a mutabilidade dos fenômenos naturais e históricos e busca pela indução inferir as leis que constituem suas regularidades. O primeiro sistema sustenta a estabilidade a partir das essências de todas as coisas; o segundo, a mutabilidade e a historicidade que exige a investigação e a exposição das novas explicações em processo contínuo de investigação.

O tradicionalismo se institui em sua dogmática fundamental como afirmação dessa racionalidade clássica que nega a racionalidade moderna em plena construção – de fato, em permanente construção – e vista, portanto, como relativismo que coloca os indivíduos, os grupos e os regimes de verdade e de poder no vale infernal das confusões. Nesse contexto, entende que *fora do passado não há salvação*. Trata-se de um sistema de matriz escolástica que se estrutura e opera a partir de uma cosmologia teocêntrica, de uma filosofia da história, de uma epistemologia essencialista, de uma sociologia cristã, de uma antropologia pessimista, de uma moral autoritária e de uma devoção espiritualista. Esse sistema pode ser definido e descrito como imaginário (na em medida que oferece uma imagem geral da realidade), como dogmática (por se tornar um sistema normativo exclusivista) ou, ainda, como esquema mental (desde que ofereça um mapa conceitual que orienta os comportamentos). A tabela a seguir apresenta esquematicamente essa percepção de fundo dos tradicionalistas a partir da concepção, da estruturação dos elementos que a compõem e das funções que exercem nos aspectos social, político e psicológico.

Concepção	Estruturação	Funções
Filosofia do passado	Passado-presente-passado	Permanência Estabilidade
Cosmologia teocêntrica	Deus-mundo-história	Integração Centralização Hierarquização
Epistemologia essencialista	Verdade, fixa e universal	Certeza Dedução Autoridade
Sociedade cristã	Igreja-Estado	Reprodução Perpetuação
Antropologia pessimista	Criação-decadência-redenção	Dualismos Espiritualismos
Eclesiocentrismo	Verdade-poder-Igreja	Unificação religiosa Exclusivismo católico Teocratização
Moral objetivista	Valor-norma-lei-padrão	Distinção bem e mal Interiorização Obediência
Devoções mágicas	Revelações-personagens-rituais	Persuasão Individualização Solução

a) Filosofia do passado

O tradicionalismo entende a história como dinâmica de preservação e não como mudança em curso. Ao contrário, toda mudança é suspeita por romper com o passado, de onde jorram as seguranças do presente estável, da ordem e da segurança. O presente é visto como o resultado de uma posse do passado configurado de modo homogêneo em modelos teóricos, morais, políticos e institucionais. Esse bloco homogêneo formado de um consenso de gerações deve ser perpetuado em cada época com suas potencialidades e autoridade moral, de forma que tudo o que romper com essa continuidade será visto como ilegítimo. A história é uma sequência sem interrupções de valores cristalizados em modelos, aos quais só valem os acréscimos que somam a essa essência permanente, jamais recomeços revolucionários. De sua parte, o catolicismo acrescenta um dado fundamental a essa estabilidade, na medida em que oferece a verdade revelada por Deus, matéria e forma do passado a ser sempre transmitido.

b) Cosmologia teocêntrica

A percepção geral da realidade estrutura-se numa cosmologia teocêntrica. Deus é o Criador da tradição judaico-cristã e, ao mesmo tempo, o Deus grego elaborado pelas filosofias platônica, estoica e aristotélica. O universo tem sua origem e fim, e sua sustentação no Ser absoluto que tudo comanda com seu poder. A vida imanente, a natureza com suas leis e a história se inserem numa relação direta com a causa primeira ou imediata que é Deus. Trata-se, assim, de uma cosmovisão integradora e estável que conecta sem rupturas *Deus-mundo-história*, que pode ser representada ora na perspectiva mítica de uma cosmografia, ora na perspectiva funcional de um cosmos que tem a origem de seus movimentos e eventos na vontade divina e, ainda, na perspectiva mais teológica da providência divina que tudo conduz.

c) Epistemologia essencialista

A concepção essencialista afirma ser a realidade definível a partir de conceitos universais e fixos. Há, portanto, uma verdade una que pode separar o falso e o verdadeiro, e se mostra como fixa e eterna, anterior, superior e posterior ao devir histórico. A partir dessa epistemologia estável é que se deve aceitar ou rejeitar todas as expressões culturais produzidas historicamente. Afirma-se uma dupla fonte dessa verdade universal, a revelação e a razão, que, mesmo sendo distintas, não se contradizem em seus fundamentos primeiros. O caminho de demonstração parte das premissas universais (reveladas ou evidentes racionalmente) e chega-se às conclusões necessárias e igualmente universais. O resultado dessa percepção e método dedutivo será sempre a adesão que dispensa a verificação empírica. Há, portanto, uma autoridade divina e lógica que conduz a conclusões necessárias e sob as quais devem ser submetidas todos os resultados históricos das ciências e das proposições culturais, religiosas e políticas que vão sendo construídas historicamente. Por essa razão, torna-se comum operar com uma distinção entre ciências perenes e transitórias, ciências sagradas e profanas, dando, evidentemente, primazia às primeiras em relação às demais.

d) Sociedade cristã

Parte-se do princípio de uma verdade revelada presente de modo autoritativo na Igreja Católica, transmissora autorizada e exclusiva da verdade histórico-salvífica oferecida por Deus em Jesus Cristo, donde se vincula a estrutura hierárquica (centrada no papa) à gestão universal da verdade, configurando, necessariamente, um modo institucional verdadeiro, do qual decorrem todos os ordenamentos históricos. O resultado é a sequência obrigatória: *Revelação* =>

Igreja => Poderes temporais. A consequência é uma sociedade cristã regida por um poder cristão-católico, estruturada sob o comando hierárquico, reproduzida pela obediência às normas universais emanadas, em última instância, pela tradição católica. Nessa percepção a sociedade cristã é um sistema estável e perene que vive da posse da verdade definitiva e que deve rejeitar todas as diferenças como falsas e ameaçadoras a uma ordem eterna.

e) Antropologia pessimista

O esquema da teologia clássica de matriz agostiniana sobreviveu na teologia e na cultura ocidental como um arquétipo estruturante da realidade com sua tríplice temporalidade: criação-queda-redenção. À humanidade de natureza decaída só resta o caminho da redenção oferecida por Jesus Cristo e operado no presente para a graça de Deus. A Igreja dispensa essa graça por meio de suas ações de pregação da doutrina e da oferta dos sacramentos. O pessimismo reside na percepção de uma decadência permanente e persistente da humanidade e da história, condição que não pode oferecer saídas políticas, sociais, culturais ou mesmo científicas para essa condição ontológica. Toda solução passará necessariamente por uma conversão ao catolicismo, e as crises dos modelos históricos modernos de solução humana demonstram o fracasso do princípio e da estratégia adotadas.

f) Eclesiocentrismo

A visão de que a Igreja Católica encarna em suas estruturas organizacionais a verdade revelada por Deus em Jesus Cristo, oferece a base do eclesiocentrismo. O modelo atual expressa e encarna as próprias origens, é o resultado de uma interpretação legítima (única autêntica) do que está contido na tradição recebida diretamente de Jesus Cristo. Portanto, a Igreja Católica é detentora da verdade e da salvação e as demais igrejas são falsas ou apenas participantes de algum modo da verdade reduzida ao catolicismo. Uma Igreja a que só resta reproduzir sobre si mesma (tradição, doutrina, normas) e que basta a si mesma, chegando, mesmo, a dispensar as leis civis como aplicáveis a seus membros (sua hierarquia). Por conseguinte, trata-se de uma estrutura que não comporta em sua essência visível institucionalmente qualquer mudança, sob pena de trair a verdade revelada.

g) Moral objetivista

A moral católica se impõe como conjunto de valores e normas decorrentes da vontade de Deus presente na natureza e na tradição revelada. Trata-se de uma objetividade expressa como regra única e universal a ser seguida por todos os fiéis, sem possibilidades de ponderações. O tom predominantemente individual e, por conseguinte, matrimonial e sexual, reforça a relação entre juiz (clérigo) e penitente (fiel), e dispensa qualquer conteúdo social presente nos atos e atitudes cristãs. A distinção clara e objetiva entre o moral e o imoral separa o pecador e não pecador, e oferece os caminhos da reconciliação pela via sacramental. A vida moral consiste na obediência às normas estabelecidas, com pouco espaço para a consciência pessoal das escolhas e das opções que regem a vida das pessoas.

h) Devoções mágicas

O imaginário tradicionalista centra-se regularmente em algumas devoções – em narrativas, imagens, símbolos e rituais – que expressam uma visão que afirma a manifestação direta do sobrenatural em revelações pessoais e apresenta certos atos de piedade (orações e penitências) como caminhos seguros de salvação do fiel de um destino prometido do inferno. As devoções são formas de libertação da alma pecadora e de obtenção da graça ou do milagre, libertação do pecado, das tentações e do demônio que ronda. A devoção tem um viés individualizado e se faz pela via da persuasão de narrativas de promessas ou de ameaças, apresentadas em roteiros devocionais e em imagens iconográficas esteticamente atraentes. O gosto por rituais espetaculares, feito de estéticas e roteiros sensíveis, compõe a pauta devocional que separa e aproxima as esferas do sagrado e do profano.

Embora as linhagens tradicionalistas expressem modos diferenciados de vivenciar essas características tipificadas, elas bebem dessas referências fundamentais e as expressam em suas militâncias e discursos. O fato é que os esquemas mentais tradicionalistas reproduzem visões hegemônicas do passado, embora operem, quase sempre, de modo paralelo aos imaginários modernos que se impõem inevitavelmente nas rotinas sociais, culturais e políticas de nossa época. Uma espécie de reserva dogmática do passado que pode ser acionada na forma e na medida desejada pelos grupos que a adotam como verdade que sempre existiu. Prevalece como imaginário assumidamente religioso que oferece suas verdades ao tempo presente, o que nos últimos tempos tem assumido traduções políticas inéditas na forma de gestão política de governos.

***

Os tradicionalistas nascem e renascem na história dos tempos modernos como negação dos valores presentes, particularmente dos valores que negam que a tradição católica deva nortear o conjunto da existência humana. Trata-se de uma visão centrada na estrutura que nega a mutação, nas essências que negam o movimento e na objetividade que nega a autonomia das subjetividades. Preservar essa ordem estável é a missão dos sujeitos investidos de poder para tal, seja o poder civil, seja o poder religioso. Como decorrência, é também uma visão centrada na hierarquia: as decisões e regulações legítimas vêm de cima para baixo, de uma autoridade superior, e, por essa razão, se impõem como regra e valor de autoridade certa e inquestionável. A base do tradicionalismo é uma verdade inscrita na natureza cuja origem é o próprio Deus e, por essa razão, se encarna historicamente em modelos normativos perenes e absolutos. Por essa razão, a cultura da reprodução é que rege as adesões aos grupos e às tendências tradicionalistas. Uma racionalidade dogmática funda e dinamiza essas identidades e comportamentos e nega as racionalidades pautadas no provisório e na relatividade de modelos interpretativos. Os tradicionalistas bebem dos modelos essencialistas que raptam em suas categorias eternas e estáveis o devir implacável do tempo que só pode existir como mudança e fixam em modelos permanentes o que foi construído no passado, como qualquer modelo do presente. O cristianismo construiu, no decorrer da história, modelos teórico-teológicos e político-eclesiais que afirmaram possuir o eterno no temporal, o definitivo no provisório, e que foram sendo desgastados pelas forças implacáveis dos valores e modos de pensamento e de vida modernos. O Vaticano II rompeu com esses modelos com seu método de *aggiornamento* da verdade da fé no tempo presente. Os tradicionalistas, por sua vez, reproduzem aquela racionalidade pré-moderna e pré--conciliar no subtexto ou no texto de suas apologias teóricas e práticas.

DEMARCAÇÕES E IDENTIDADES TRADICIONALISTAS

No exercício cotidiano do nosso ministério pastoral ferem nossos ouvidos sugestões de almas, ardorosas sem dúvida no zelo, mas não dotadas de grande sentido de discrição e moderação. Nos tempos atuais, elas não veem senão prevaricações e ruínas; vão repetindo que a nossa época, em comparação com as passadas, foi piorando; e portam-se como quem nada aprendeu da história, que é também mestra da vida, e como se no tempo dos Concílios ecumênicos precedentes tudo fosse triunfo completo da ideia e da vida cristã, e da justa liberdade religiosa. Mas parece-nos que devemos discordar desses profetas da desventura, que anunciam acontecimentos sempre infaustos, como se estivesse iminente o fim do mundo (João XXIII, Discurso de abertura do Concílio Vaticano II).

***

A construção de identidades vale-se da matéria-prima fornecida pela história, geografia, biologia, instituições produtivas e reprodutivas, pela memória coletiva e por fantasias pessoais, pelos aparatos de poder e revelações de cunho religioso (Manuel Castells).

CAPÍTULO III

O Vaticano II: divisor de águas

O Concílio Vaticano II foi o divisor definitivo de águas entre uma consciência cristã centrada numa epistemologia essencialista que dispensa a história e outra, que incorpora a historicidade como dinâmica que interpreta a fé e sua transmissão. O século XIX foi, por certo, o século da oposição mais contrastante entre a essência e a história, porém num cenário que distinguia os modernos e os católicos, com suas referidas hermenêuticas gerais. A longa e consolidada tradição católica havia dominado a cristandade antiga e medieval nos aspectos epistemológico, político, cultural e religioso. O próprio Ocidente se entendia, em grande medida, nessa referência sedimentada nas consciências, nas instituições e na vida cotidiana. A emergência progressiva dos tempos modernos vai rompendo por diversas frentes com esse sistema hegemônico e instaurando um dualismo geral e crescente entre o velho e o novo. No século XIX essa dualidade atinge seu ponto de maturação, quando de um lado a modernidade já podia exibir seus resultados consolidados como pensamento e práxis, sem os velhos mecanismos de controle ideológico e político da Igreja e das teocracias. À Igreja restava, então, avançar no domínio simbólico, na afirmação de uma postura teológica (social, política, cultural e teórica) que fosse capaz de reafirmar as tradições que advinham do passado, e negar, por conseguinte, os ideais e as práticas modernas que julgava perniciosos à fé.

Nessa fase, ser tradicional era nada mais que ser católico, e quem fugisse do campo de batalha era desertor da comunidade e da tradição católica. A luta contra os modernismos e, de modo direto, contra os influxos no interior da Igreja a colocou em posição distante da sociedade, sendo a reprodutora de uma cosmovisão e de uma prática autorreferenciadas que dispensavam a mentalidade moderna de seu capital cultural. Embora o pensamento oficial da Igreja se firmasse em sua tradição pré-moderna, os influxos teóricos e práticos dos novos tempos iam vazando para dentro da instituição, de suas representações, de suas práticas políticas e de suas reflexões teológicas. O Vaticano II foi o ponto de chegada de uma dualidade que configurou, então, o interior da Igreja no decorrer do século XX: a dualidade entre as tendências sempre mais modernas e as tendências tradicionais. Resultado: os católicos modernos ficam mais modernos em suas metodologias de reflexão e ação, e os tradicionais cada vez mais tradicionalistas com suas referências consolidadas no sistema escolástico em documentos do magistério católico.

1. As demarcações do tradicionalismo

Como já foi dito, o pensamento católico era naturalmente tradicional. Os católicos não se entendiam nem se definiam como tradicionalistas. A escola francesa de pensamento, assim denominada, havia sido condenada pela Igreja como desvio doutrinal. Na segunda metade do século XIX, o magistério da Igreja se encarregava de dar o golpe definitivo nos erros modernos. Os documentos referenciais dessa formulação já foram elencados anteriormente. Vale retomar aqui as ideias centrais do regime de verdade que aí se instaura definitivamente. Embora se apresente como detentor fiel de uma tradição herdada do passado, esse regime aprofunda aspectos da tradição teológica católica que permaneciam em estado de latência durante a história anterior, sempre em nome de uma verdade segura que fosse capaz de orientar a humanidade nos tempos de pluralidade, de liberdade e de ruptura com as clássicas formulações da fé. Os erros da modernidade só poderiam ser rejeitados e condenados com um parâmetro seguro de verdade que tinha sua fonte na revelação e na razão, tinha sua escola de formulação na tradição filosófico-teológica perene e sua segurança final na palavra infalível do Sumo Pontífice. Da parte protestante, como se sabe, a afirmação da inerrância bíblica oferece a mesma segurança perante os avanços do pensamento e das ciências modernas.

A cena cristã era, portanto, a da construção de parâmetros seguros perante os avanços das mentalidades e práticas modernas. Um cristianismo autocentrado em suas tradições, em suas organizações e em suas regras atravessou o século XIX na direção do século XX. A Igreja Católica se definiu como instituição estável, detentora da salvação, possuidora da verdadeira tradição, possuidora das chaves do Reino dos céus dadas a Pedro pelo próprio Cristo, sociedade hierarquicamente perfeita, organização autossuficiente em suas linguagens, leis e práticas e mestra da verdade para todos os povos.

Esse modelo de Igreja tornou-se regra e prática para todos os católicos desde o Vaticano I. A segurança de uma instituição estável, na qual ficava resolvida a questão da verdade perante as verdades modernas, consolidou cada vez mais uma cultura católica que se reproduzia em paralelo com a cultura moderna. Uma Igreja estruturada sobre representações e práticas nitidamente medievais, porém, agora mais segura de si mesma como portadora de infalibilidade e mais centralizada do ponto de vista do poder papal, conferia aos membros segurança doutrinal, tranquilidade institucional e unidade grupal; permitia uma gestão da vida eclesial em uma lógica reprodutiva em que tudo descendia do poder central do Pontífice romano, autoridade suprema à qual subordinavam todos os escalões descendentes da hierarquia eclesiástica e, evidentemente, a base leiga. Essa base exercia a função de receptor passivo dos bens simbólicos dispensados pela Igreja e por meio das frentes organizadas, chegava onde a hierarquia não podia chegar: o braço da Igreja no mundo.

Trava-se de uma obra e de uma instituição plenamente concluídas, cuja missão era reproduzir fielmente suas tarefas espirituais pelos mecanismos eclesiásticos regulares e previstos canonicamente, os sacramentos, a catequese, a missão, as normas, as práticas devocionais e o apostolado no mundo. Nessa fortaleza de fé, não havia lugar para renovações. Ao contrário, os intentos renovadores eram vistos como perigo de modernização e, por conseguinte, de desestruturação das estabilidades do corpo eclesial. Em todos os âmbitos da hierarquia e, *a fortiori*, no âmbito laical, era legítimo – ortodoxo, correto, moral e santo – somente o que contribuísse com a reprodução do sistema tradicional e estável. O que colocasse em risco essa regularidade institucional se inscrevia como ilegítimo. De fato, em uma instituição que detinha a verdade e a salvação só restava sustentar todos os mecanismos de reprodução e expurgar as renovações como estranhas, desnecessárias e perigosas.

A rotina eclesial e eclesiástica decorrente do Vaticano I criara uma cultura do permanente; uma espécie de eclesiologia da "Igreja concluída" (fim da história) a quem restava afirmar o passado e aguardar a vinda escatológica do Cristo glorioso; uma gestão centralizada do corpo eclesial pelo bispo universal de Roma, não cabendo qualquer decisão não prevista canonicamente para os bispos localizados em suas dioceses, sucursais da Cúria romana e concretização local da Igreja universal dirigida pelo Pontífice. Nessa "Igreja concluída" bastava a voz e a decisão do papa para decidir e gerir o conjunto por meio de seus atos e de sua Cúria. Muitos acreditavam e defendiam que a era dos Concílios havia sido superada.

2. A surpresa de um Concílio

Na Igreja concluída do Vaticano I não se cogitava, portanto, um novo Concílio. O costume consolidado de promulgação dos documentos e decretos papais, aliado ao Código de Direito Canônico de 1917, havia consolidado a dinâmica da reprodução burocrática dos mecanismos gestores do poder, definitivamente cimentados pela teologia da Igreja perfeitamente organizada. Não obstante, como já foi dito, as revoluções modernas não poupavam nenhuma das instituições ocidentais com suas novas formas de pensar e de viver. De fora para dentro, de baixo para cima e em ritmo lento, as mudanças modernas iam contaminando a vida eclesial, mesmo que sob fortes mecanismos de controle da parte do papa, da Cúria romana e dos escalões inferiores da hierarquia eclesiástica.

Nesse sentido, o Vaticano II foi, de fato, o ponto de chegada de uma separação que se foi tornando mais nítida entre conservadores e renovadores no interior da Igreja no decorrer do século XX. Essa separação contrastava a identidade de resistência dos reformadores (modernistas) e a identidade legítima dos fiéis à tradição (tradicionalistas). A luta desleal entre as duas tendências era patente; de um lado, os fiéis à tradição (ortodoxos) naturalmente integrados no corpo institucional como partes harmônicas do conjunto e, de outro, os infiéis (heterodoxos) fadados ao isolamento, ao anonimato, às sansões eclesiásticas e, até mesmo, à excomunhão. Os tradicionais permaneciam, portanto, na zona de conforto da instituição católica e de maneira lenta e leve é que, de fato, assumirão uma identidade denominada tradicionalista. O Vaticano II expôs com nitidez essa identidade anteriormente diluída no corpo eclesial, na medida em que avançou em seu processo.

O Vaticano II foi um evento reformador exótico para a tradição consolidada do Vaticano I; um cavalo de Troia que introduziu dentro da Igreja o propósito da renovação do que era por natureza irrenovável. O tradicionalismo identificado com a própria cultura eclesial emerge, desse modo, como postura até então velada e se vê, como nunca dantes, distinto de um projeto renovador que avança sem recuos no processo conciliar. Ao ser apresentado por João XXIII como um Concílio que visava fazer um *aggiornamento* da Igreja, rompia com a cultura da estabilidade e da tradição verdadeira e fixa. Nada poderia ser mais inadequado. Três inadequações bastante precisas: a) não haveria o que discutir perante a infalibilidade papal amplificada para os demais atos do papa, o que superara historicamente a prática conciliar da construção de consensos pela via da colegialidade episcopal; b) um Concílio visando ao *aggiornamento* da Igreja negava, na teoria e na prática, à Igreja a tradição verdadeira e da Igreja-sociedade perfeita; c) um Concílio que dá os primeiros passos consultando o episcopado de todo o mundo não deixava de ser um desconforto para os Dicastérios da Cúria, participantes indiretos da gestão infalível do papa.

Portanto, o novo Concílio, com propósito renovador, decidido, convocado e conduzido passo a passo pelo Papa João XXIII e sem influências diretas dos especialistas curiais, rompia com uma rotina considerada imutável e sagrada, exercida, por conseguinte, sob as regras da autoridade e da obediência. A ordem eclesial estável e fundada nas referências eclesiais dormira legítima e acordara obsoleta, dormira tradicional e acordara tradicionalista.

3. A luta entre preservação e renovação

A fase preparatória do Vaticano II contou com o comando direto de João XXIII. Esse protagonismo foi definitivo para a construção de um conceito novo do próprio Concílio, sob o signo do *aggiornamento*. Desde o anúncio inesperado do evento até sua inauguração, o velho papa surpreendia com seu modo carismático de conduzir o processo. O grande evento era interpretado a cada passo como uma realização da vontade de Deus e como um novo pentecostes para a Igreja. Uma Igreja renovada, sem rugas e sem manchas, nasceria da grande reunião dos bispos de todo o mundo e se mostraria para o mundo moderno como exemplo de unidade e de verdade. Era uma Igreja que deveria atrair por sua capacidade de ser exemplo de comunhão, de misericórdia e de diálogo. No discurso inaugural, João XXIII convoca a todos para o *aggiornamento* e mostra sua descrença em relação aos "profetas da desgraça" que só enxergavam no mundo moderno prevaricação e perigos. O novo Concílio não vinha para condenar nem heresias nem o mundo moderno, mas, ao contrário, para revelar ao mundo uma Igreja materna e misericordiosa, capaz de acolher a todos em seu seio. Conclui o discurso dizendo que, em nossos dias, as mudanças modernas são conduzidas pela providência de Deus: "por obra dos homens e a maior parte das vezes para além do que eles esperam, se encaminham para o cumprimento dos seus desígnios superiores e inesperados, e tudo, mesmo as humanas diversidades, converge para o bem da Igreja" (apud Kloppenburg, 1963, 308).

Na verdade, os tradicionalistas de plantão estavam demarcados como ilegítimos pelo papa, embora perfilassem setores do episcopado e, evidentemente, a quase totalidade da Cúria romana, participantes *ex officio* do processo preparatório. Mas a separação mais nítida entre os renovadores e conservadores estaria por vir no decorrer das sessões conciliares.

4. A identidade tradicional no processo conciliar

Uma dupla consciência eclesial instaura o Concílio: a que ensejava o *aggiornamento* sob a condução do papa e a que repetia a preservação do passado eclesial como regra única e imprescindível da ortodoxia eclesial. O processo conciliar vai delineando as duas posições e fazendo com que a percepção conservadora tomasse dois rumos: recuando-se numericamente a ponto de configurar a chamada "minoria" e recrudescendo-se como grupo organizado. A configuração das duas tendências teve sua primeira manifestação explícita logo na primeira sessão conciliar (de 13 outubro de 1962), quando, da parte da direção dos trabalhos, emergiu, na pessoa do Cardeal Liénart, o pedido de adiamento da votação dos membros que comporiam as comissões de trabalhos conciliares. Era uma maioria de padres que começava a assumir os rumos do Concílio nos modos colegiados e negava, por conseguinte, as articulações prévias por parte da minoria capitaneada pela Cúria romana, concretamente pelo poderoso Cardeal Ottaviani, secretário do Santo Ofício. Os aplausos da assembleia em apoio ao pedido de adiamento indicavam naquele momento os rumos de uma crescente busca de consenso por parte dos padres que tinham como firme propósito fazer o *aggiornamento* da Igreja, refazendo mentalidades e práticas tradicionalmente consolidadas.

Ao iniciar a segunda sessão conciliar (outono de 1964), o cronista conciliar Boaventura Kloppenburg não somente utiliza os conceitos de maioria e minoria para designarem as duas tendências visivelmente presentes na assembleia no ano anterior, como descreve com detalhes o comportamento de ambas. Assim diz: "Basta ter ouvidos e olhos abertos para verificar não apenas o mero fato de haver divergências, mas – o que é o ponto mais importante – que estas divergências procedem de estados de espírito e de esquemas mentais profundamente marcados e distintos" (1964, p. 9). Constata que são sempre os mesmos que se posicionam contrários a todo tipo de mudança que possa surgir nas Aulas conciliares: contra as reformas litúrgicas, a restauração do diaconato permanente, a ação colegiada dos bispos e o sacerdócio comum. São obsessionados pela ortodoxia e ansiosos por condenar os erros, veem por todo lado perigo de heresia, desconfiam dos trabalhos dos teólogos; têm um conceito jurídico e autoritário de Igreja; são autoritários e intolerantes e gostam de ameaçar com a excomunhão; tendem a identificar a Igreja com o papa e a Cúria romana etc. E acrescenta que: "Verificou-se, graças a Deus, que são a minoria no Concílio. Os outros, a imensa maioria, não se ofendem com serem qualificados como inovadores, progressistas e até liberais. Têm uma mentalidade dinâmica, pastoral, aberta" (1964, p. 10).

O processo conciliar construiu um divisor de água que deu nitidez e ilegitimidade aos tradicionalistas católicos, formatados pela perspectiva de Trento e do Vaticano I. Essa tendência formada por parâmetros rígidos da escolástica era feita de membros da Cúria e de outros padres conciliares que se encarregam de organizar uma frente cada vez mais resistente às renovações conciliares. O grupo *Coetus Internacionalis patrum* (Grupo Internacional de padres conciliares) assumiu o comando dessa resistência explícita e organizada; marcou presença ativa e resistiu durante todo o processo conciliar e, logo após a conclusão do Concílio, instituiu como fruto maduro a Fraternidade São Pio X, sob o comando do bispo francês Marcel Lefebvre. Parte da frente contrária às renovações permaneceu na comunhão católica, porém, defendendo visões e práticas pré-conciliares, na medida em que as renovações conciliares tomavam forma pelo mundo afora.

5. A aglutinação tradicionalista no pós-concílio

A renovação conciliar evidenciou o tradicionalismo em duas frentes principais: como força que negava a legitimidade do evento conciliar ou como frente que se aglutinava no esforço de reler seu significado. Essa segunda frente intraeclesial e, de modo organizado, intra-Cúria romana vai ganhando fôlego nas décadas que se seguiram ao Concílio. O teólogo Massimo Faggioli descreve as fases principais dessa depuração do tradicional dentro da Igreja na luta pela hermenêutica legítima do propósito de *aggiornamento* da Igreja.

Vale recordar primeiramente que o Vaticano II não recebeu do papa ou da Cúria uma interpretação oficial, como no caso de Trento. Os textos foram imediatamente publicados, donde resultou a possibilidade de interpretações diversas, o que se fazia inevitável e indispensável nos trabalhos de aplicação das decisões conciliares. A interpretação mais acurada dos textos conciliares ficou, de fato, nas mãos dos teólogos que executaram essa tarefa a partir da experiência dos peritos que haviam participado dos rumos das discussões enfrentadas nas assembleias conciliares. A partir dos peritos formaram-se escolas interpretativas do Concílio: uma que afirmou o sentido renovador das decisões, outra que afirmou a continuidade dessas decisões em relação à tradição anterior. Os padres conciliares estavam, por sua vez, empenhados na árdua tarefa de implementar em suas igrejas as renovações decididas pelo Concílio, cada qual segundo suas forças e possibilidades.

A primeira fase, sugerida por Faggioli, é a de interpretação das decisões do Vaticano II e ocorreu já no âmbito da própria assembleia, como já foi exposto. Mas, logo após o encerramento e promulgação dos documentos, inicia-se uma luta sobre o significado dos resultados nas duas frentes referidas anteriormente. Dentre os que permanecem fiéis ao Concílio, estão muitos dos que divergiam de muitas renovações (a chamada minoria conciliar). O foco de divergência será eclesiológico: a definição da Igreja como povo de Deus e a interpretação de sua missão na Constituição *Gaudium et Spes.* Trava-se uma luta pelo sentido do Concílio: o significado do diálogo com o mundo moderno e o significado da própria Igreja. Essa segunda fase se caracterizou por leituras e práticas divergentes, envolvendo os padres e os peritos conciliares. Ainda não se configurava uma leitura oficial, da parte da direção central da Igreja. A separação dos peritos ligados ao Concílio se torna nítida com as duas revistas teológicas pós-conciliares mais significativas fundadas na Europa. A *Revista Concilium*, criada ainda durante o evento por teólogos peritos do Concílio (1964), tinha como objetivo divulgar e aprofundar os ideais renovadores do Vaticano II para toda a Igreja, agregando em seu projeto teólogos de diversas partes do mundo. A criação da *Revista Communio* (1972) expunha a citada divergência e aparecia como alternativa à primeira. Pretendia interpretar o Vaticano II numa "hermenêutica da continuidade" com a grande tradição; entendia a eclesiologia conciliar como comunhão e ponderava o otimismo moderno da *Gaudium et Spes* (Faggioli, 2013, p. 28-34). Nessa fase, pode-se também observar um movimento da Cúria romana que visa mitigar e controlar os avanços do Vaticano II por meio de orientações e práticas mais disciplinadas e conservadoras.

A terceira fase de interpretação das decisões conciliares, segundo Faggioli, tem início nos anos 1980, quando uma interpretação oficial começa a ser construída no pontificado de João Paulo II, sob a batuta firme do perito conciliar, então prefeito da Congregação para a Doutrina da Fé, Cardeal Joseph Ratzinger. Nessa fase, devem ser destacados os seguintes eventos: a elaboração do Código de Direito Canônico, a realização do Sínodo de 1985 e a elaboração do *Catecismo da Igreja Católica*. Há um distintivo político fundamental nesse período que diz respeito à visibilização de uma interpretação oficial do Vaticano II por parte do ex-perito conciliar Joseph Ratzinger. As ações do prefeito da Congregação para a Doutrina da Fé catalisam para a Cúria e, em boa medida, para o próprio papa, a interpretação do Vaticano II, seja com as vigilâncias e punições de teólogos, seja com a produção de documentos que foram construindo uma visão eclesiológica que afirmava de modo cada vez mais contundente a identidade pura da Igreja distinta do mundo moderno.

Já no início dos anos 1980, o teólogo J. B. Libanio (1984) descreveu essa conjuntura como uma "volta à grande disciplina" nos moldes da Igreja tridentina. Nesse período, configurou-se de modo dramático uma divisão interna na Igreja pós-conciliar entre os heterodoxos (os teólogos e bispos da periferia que avançavam na linha das renovações conciliares) e os ortodoxos (fiéis observantes das orientações da Cúria romana). E uma unanimidade foi praticamente construída, ao menos em termos de leitura oficial do Concílio e de uniformização de um perfil de episcopado de estrita observância ao pensamento e às regras centrais da Igreja.

Mesmo que essa frente não possa ser caracterizada como um bloco tradicionalista homogêneo, ela consolidou essa tendência de diferentes formas e em diferentes graus de consistência, de organização de projetos e de poder decisório. Pode-se observar, de fato, uma ação cada vez mais consensual que afirma certa leitura das renovações conciliares em tom minimalista e nitidamente regida por parâmetros pré-conciliares. O pontificado de Bento XVI interrompeu de forma inesperada e abrupta esse projeto já consolidado no perfil majoritário do episcopado e na cultura católica de um modo geral. A chegada de Bergoglio ao papado introduz uma variável nova que retoma as renovações conciliares e as radicaliza desde sua experiência de jesuíta latino-americano.

6. Dois projetos eclesiais em curso

O projeto de reforma da Igreja, instigado e solicitado pela conjuntura de crise aguda da Igreja, instaura uma luta entre dois projetos de marcas distintas que retomam de modo nítido a luta pelo sentido do Vaticano II, agora, porém, em um contexto de confronto entre uma mentalidade e uma prática eclesial/eclesiástica instalada como hegemônica e a surpreendente reforma franciscana, paradoxalmente instalada dentro da tradição e do governo central da Igreja. Evidentemente trata-se de um tradicionalismo presente em diferentes formas de aglutinação e com diferentes estratégias de ação no interior da Igreja. Podem ser detectados de maneira tipológica dois projetos de Igreja em andamento, como se pode representar esquematicamente a partir dos tipos: *Igreja autorreferenciada* e *Igreja em saída*, para utilizar precisamente os termos adotados por Francisco para designar respectivamente a raiz das crises instaladas na Igreja e os propósitos de saída:

a) Igreja autorreferenciada:

– Fonte: tradição; apoio em modelos do passado como referências permanentes.

– Organização: acento na instituição, nas normas e na hierarquia, entendidas como sinônimo de Igreja e como visibilidade sagrada.

– Estratégia: preservação da doutrina, dos rituais e das normas advindas de modelos fixos a serem repetidos.

– Poder: centralização, hierarquia, clericalismo e obediência à autoridade.

– Cultura: da reprodução, da segurança e da reserva em relação à cultura atual.

b) Igreja em saída:

– Fonte: querigma como fonte permanente de sentido e renovação para a tradição, as estruturas e as linguagens atuais da Igreja.

– Organização: acento no carisma cristão, no discernimento e na vivência encarnada da Igreja em cada realidade, organização a serviço da evangelização e da vida;

– Estratégia: reforma permanente a partir das fontes do Evangelho e do encontro com o outro.

– Poder: serviço como única razão, descentralização e sinodalidade.

– Cultura: do encontro, criação de processos capazes de transformar a realidade e diálogo com as alteridades.

Esses dois projetos em curso se cruzam de modo paradoxal. O primeiro se encontra seguramente instalado como rotina e como cultura amparada pelo próprio *modus operandi* da estrutura eclesial; reproduz, por assim dizer, de modo coerente e natural os fluxogramas e os modos de gestão da instituição, segundo certa eclesiologia centralizadora e clerical. Trata-se, no caso, de uma mentalidade e de uma prática que, de modo semelhante ao que ocorria na Igreja pré-conciliar, se entendem como posturas ortodoxas e legítimas, cuja mudança constituiria desvio da reta doutrina e da autêntica tradição. Um tradicionalismo naturalizado e integrado na instituição eclesial. O segundo projeto se arranca das fontes evangélicas e das orientações conciliares e, sob a orientação direta do papa, busca os modos de legitimação por meios de ensinamentos oficiais, discursos, posturas e gestos do bispo de Roma.

O Papa Francisco apresenta o antídoto da *autorreferencialidade* na *Igreja em saída* na Exortação *Evangelii Gaudium* (EG 20). Na programática de pontificado ou, no projeto de reforma da Igreja, deixa consignado: "Não ignoro que os documentos não suscitam o mesmo interesse como noutras épocas... Apesar disso... o que pretendo deixar expresso aqui possui um caráter programático e tem consequências importantes" (EG 25). Na sequência, propõe a "renovação inadiável" a partir "do coração do Evangelho". E lança o projeto geral: "Convido todos a serem ousados e criativos nesta tarefa de repensar os objetivos, as estruturas, o estilo e os métodos evangelizadores das respectivas comunidades" (EG 33).

O seu projeto de renovação da Igreja busca a superação de um outro, pautado no "sempre assim" (EG 33). Trata-se de uma renovação inadiável traduzida como reforma das estruturas, dos métodos, das linguagens, do papado, das paróquias, da teologia (EG 27-39). Na mesma Exortação Francisco identifica as tendências da Igreja autorreferenciada: os mundanismos espirituais, expressos no individualismo religioso e no tradicionalismo. Ambos se fecham à graça e à vida comunitária, dispensando a inserção na vida social (EG 94-95). Nessa mesma linha, critica a autocentralidade da Cúria romana e, em muitas ocasiões, o mal do clericalismo e do burocratismo eclesial.

***

O Vaticano II é no espírito e na letra tradicional e, por isso mesmo, antitradicionalista. A autocompreensão do Concílio e seu método fundamental colocam a

Igreja entre sua fonte primeira e a realidade presente; colocam, por conseguinte, entre o passado e o presente a transmissão da fé e a expressão da doutrina. A postura conciliar superou a segurança de um modelo de verdade fixo e repetido sem adaptações. O próprio modo de entender a formulação das decisões conciliares rompeu com as fixações dogmático-jurídicas, postadas como verdades a serem reproduzidas tal qual em todo tempo e lugar. O Concílio move como um rio (Paulo VI) e avança como era do *aggiornamento* permanente que exige de toda Igreja o discernimento constante das realidades na qual se encontra inserida. O ontem e o hoje constituem duas temporalidades imbricadas no mesmo processo de vivência da fé e ultrapassam toda imobilidade histórica e toda fixação de modelos únicos de pensar, comunicar e celebrar a fé. A Igreja é sinal e não sociedade perfeita; é serviço e não exercício de poder; é sinodalidade e não decisão centralizada; é processo de discernimento e não possuidora de um arcabouço fixo de formulações desvinculadas da realidade. O Vaticano II decretou o fim do tradicionalismo, embora ele tenha subsistido de modos variados dentro da Igreja e crescido como tendência cada vez mais dominante, amparada por fontes e estruturas eclesiais e eclesiásticas.

O tradicionalismo cultivado dentro da Igreja na era pós-conciliar subsiste em expressões disfarçadas e indiferentes e em oposições frontais ao processo de *aggiornamento* sempre em curso. O paralelismo real dos dois projetos descritos de modo tipológico levanta a pergunta inevitável pelo fôlego de ambos nos próximos tempos do pontificado e, de modo ainda mais insistente, nos tempos pós-Francisco.

CAPÍTULO IV

A construção de identidades e linhagens tradicionalistas

No primeiro momento da reflexão já foram tipificados, por meio de um olhar sincrônico – que olha ao mesmo tempo diferentes expressões –, os três tradicionalismos hoje existentes e operantes. Um primeiro que constitui um núcleo duro e radical que se constrói como identidade de resistência em relação às renovações que vão ocorrendo dentro da Igreja Católica até formar uma instituição autônoma, confessadamente distinta do catolicismo. Um segundo que vai sendo construído dentro da própria Igreja e, aí alojado, avança e se expande, tornando-se cada vez mais legítimo. E, por fim, um terceiro que se encontra em plena construção presente nas mídias.

Essas esferas podem ser ainda melhor explicadas através de um olhar diacrônico, ou seja, de uma perspectiva que descreva o percurso histórico de suas formações no contexto brasileiro de ontem e de hoje, contando com as matérias-primas disponíveis em cada contexto e com os sujeitos empenhados em suas causas. Em outros termos, aquilo que hoje se mostra como fato social e eclesial em pleno funcionamento – como doutrinas, projetos, sujeitos e linguagens – não nasceu acabado nem se encontra concluído, por se tratar de um processo de luta por construção de identidades católicas ou por alcançar hegemonia dentro da grande e longa tradição do catolicismo. Como tudo que é humano e, por conseguinte, tudo o que é religioso é sempre construído socialmente no decorrer do tempo, com matérias-primas disponíveis e possíveis, retiradas do passado e do presente, do erudito e do popular, da ciência e dos valores, os tradicionalismos vão sendo construídos com seus materiais próprios e com seus sujeitos criativos e ativos.

O sociólogo Manuel Castells fala em três tipos de identidades sociais. A identidade *legitimadora* que se dá no interior das instituições como discurso e estratégias que visam afirmar os poderes como hegemônicos perante o grupo que o constitui e perante a sociedade. O segundo tipo: a identidade de *resistência* que, como indica o nome, visa reagir e resistir às identidades instituídas com suas pautas próprias, e uma terceira, denominada identidade de *projeto* que se estrutura em torno de ideais e estratégias de afirmação de uma proposta social ou política assumida como necessária e urgente para a sociedade (2001, p. 24-28). Como toda tipologia, essa é também uma construção que ajuda a localizar processos concretos nos quais pode haver, de fato, a predominância de um tipo, mas também a mistura de uma tendência com a outra. Toda identidade nasce de modo espontâneo como um projeto e vai buscando as formas de se tornar legítima, ou seja, de institucionalizar-se com regras claras e objetivas. Esse processo que bem expressa a tríade sugerida por Weber – carisma-rotina-instituição –, para explicar as dinâmicas de dominação (1997), ocorre com a formação dos tradicionalismos no epicentro do catolicismo nos tempos modernos. A resistência, os projetos e as buscas de legitimidade caracterizam, por um lado, todos eles. Por outro lado, cada qual tende a representar uma tendência principal, na medida em que assume caminhos e metas a serem atingidas. Nesse sentido, pode-se falar de modo tipológico e didático em três linhagens principais de tradicionalismo, embora não exclusivas ou isoladas uma das outras, até mesmo pelo fato de beberem de uma mesma fonte de referências doutrinas, valorativas e imagéticas, como já foi descrito no segundo momento da reflexão. São elas: o tradicionalismo de resistência, que avança de dentro para fora da Igreja Católica e adquire identidade própria como grupo distinto da instituição católica; o tradicionalismo de legitimidade, que vai sendo germinado por dentro da Igreja de forma legítima e se espalhando pelo corpo eclesial como tendência sempre mais nítida desde a conclusão do Vaticano II; e o tradicionalismo emergente que hoje é construído/reconstruído através das redes sociais, favorecido pelas dinâmicas próprias desses novos meios de socialização. Cada tipo será descrito didaticamente a partir das categorias: fontes, inimigos, sujeitos, estratégias e institucionalização. As origens, estruturações e funções de cada linhagem se mostram em suas peculiaridades e em suas permutas no decorrer do tempo. Bebendo quase sempre de fontes comuns, lutando contra inimigos comuns, cada qual revela sujeitos distintos, estratégias distintas, assim como modos distintos de afirmar institucionalmente sua identidade na relação com o catolicismo oficial.

1. Tradicionalismo de resistência

Esse tipo de tradicionalismo se define como resistência por se tratar de um segmento que nasce e se expande com um contradiscurso à modernização da Igreja e da sociedade e com estratégias políticas que vão definindo com nitidez o perfil do grupo e dos adeptos. A resistência define também a posição autônoma que assume em relação ao tradicionalismo legítimo que se firma no interior da Igreja Católica a partir do epicentro do Vaticano I. Autonomia, organização e presença pública são as marcas que definem esses tradicionalistas desde suas origens e, sobretudo, quando se distinguem do catolicismo oficial a partir do Vaticano II. A dialética entre esses tradicionalistas assumidos e a oficialidade católica teve sua dinâmica própria e contou com posicionamentos dos papas pós-conciliares, desde que se instaurou, por um lado, um esforço de recondução à comunhão católica já com Paulo VI, porém, por outro, a consumada excomunhão *latae sententiae* no pontificado de João Paulo II, assim como a assimilação de dissidentes que retornaram à Igreja, caso dos Arautos do Evangelho. O núcleo duro do imaginário tradicionalista conserva-se nesses grupos como resistência ao que consideram perversão moderna da fé. E, mesmo nesses grupos retornados do cisma, para além de um posicionamento formal de comunhão com a tradição e o papado e para além do que supostamente seria nada mais que uma linguagem estética e litúrgica, sobrevive um imaginário da resistência a todo tipo de reforma da Igreja e mesmo da sociedade.

a) Fontes

Nascedouro no século XIX, bebendo de uma dupla fonte que nas origens eram bem distintas: a doutrina do tradicionalismo francês e as posições católicas oficiais, codificadas no epicentro do pontificado de Pio IX e do Vaticano I. Ambas as fontes, salvas as distintas posições em relação à verdade de razão e de fé, afirmam o princípio do teocentrismo como fundamento da vida em geral, o eclesiocentrismo católico como postura política de direito divino e, por consequência, a rejeição da modernidade por postular o contrário dessas posições. O sistema escolástico, filosofia e teologia, constitui também uma fonte teórica da qual retiram conteúdos e métodos que permitem pensar e criticar a realidade presente.

b) Inimigos

Há que lutar contra o processo de modernização da sociedade de um modo geral e, de modo particular, do catolicismo. A modernidade é considerada a mãe de todos os males, tendo no centro a secularização, as autonomias modernas e as doutrinas ateias, dentro das quais a mais perigosa é o comunismo. Esse inimigo foi considerado o mais imediato e visível e, por isso mesmo, o inimigo concreto a ser demolido, ao menos enquanto sobreviveu nos regimes socialistas. No âmbito da Igreja, o Concílio Vaticano II é considerado uma modernização e, por conseguinte, negado como grande heresia que rompe com a autêntica tradição. Por conseguinte, os bispos, os padres e os teólogos renovadores, filhos da era conciliar, são inimigos a serem combatidos como modernistas, comunistas e hereges; esses se espalham por toda parte e devem ser vencidos com a força da oração, basicamente com a recitação do rosário, e combatido com a doutrina correta. Por detrás de todos esses inimigos da fé se esconde o grande inimigo: o Demônio, que avança dentro e fora da Igreja com suas artimanhas sedutoras.

c) Sujeitos

Os sujeitos pioneiros do tradicionalismo original já foram mencionados anteriormente. A figura de Dom Marcel Lefebvre (1905-1991) se destaca no século XX como a principal figura europeia que, na posição contrária às renovações conciliares, funda a Fraternidade São Pio X, grupo que se torna aglutinador das tendências tradicionalistas espalhadas pelo mundo e se consolida como instituição autônoma que rompe com o bispo de Roma, considerado ilegítimo por romper com a autêntica tradição católica. A negação do Concílio Vaticano II como sequência natural da tradição católica e do magistério extraordinário da Igreja tem sido o nó cego das relações do grupo com Roma, o que se agravou definitivamente desde a sagração de bispos sem a autorização do papa em 1988.

Vale mencionar os sujeitos que reproduziram as ideias tradicionalistas no Brasil. Não se pode esquecer, para o bem da verdade, a política do padroado dos tempos do Império. Esse regime perpetua nos trópicos, de fato, as prerrogativas concedidas pelos papas, ao rei português, de governar a vida da Igreja em nome de Deus e da Igreja. Mas é, de fato, nos tempos da República que o tradicionalismo ganha voz e estratégia no Brasil, cumprindo bem seu ideal de resistência, agora no contexto da república laica de filosofia positivista. A classificação em gerações pode ajudar a localizar esses sujeitos no decurso do século XX. 1ª geração: Farias Brito (1862-1917), embora não assuma um movimento de caráter tradicionalista, coloca-se, contudo, por suas ideias, em um lugar de formador de um pensamento de cunho religioso que nega a racionalidade moderna; Jakson de Figueredo (1891-1928), aluno de Farias Brito e convertido ao catolicismo, funda, entre 1921 e 1922, no Rio de Janeiro, o Centro Dom Vital, desde então centro irradiador do pensamento ultramontanista no Brasil. 2ª geração: nessa fase se destacam dois pares de fundadores principais do tradicionalismo propriamente dito no Brasil: dois leigos e dois bispos. As duas figuras leigas foram Gustavo de Corsão (1896-1978), descendente direto do Centro Dom Vital e fundador do Centro e Revista tradicionalista denominada *Permanência* (1968), e Plínio Correia de Oliveira (1908-1995) em São Paulo, fundador do grupo TFP (Sociedade Brasileira de Defesa da Tradição, da Família e da Propriedade). Os dois bispos, ambos ligados ao movimento TFP, já nos tempos de ministério presbiteral, em São Paulo, foram Dom Geraldo de Proença Sigaud (1900-1999) e Dom Antonio Castro Mayer (1904-1991). 3ª geração: essa se constitui propriamente dos grupos descendentes da velha TFP, com seus responsáveis atuais, a saber, a Associação Cultural Montfort (fundada pelo ex-membro da TFP, Orlando Fedeli, em 1983), que permanece negando a validade do Vaticano II ao lado da persistente TFP, e os conhecidos Arautos do Evangelho que, sob a liderança do ex-secretário de Plínio Oliveira, João S. Clá Dias, funda o grupo que assume um retorno à comunhão formal com Roma. Esse grupo tornou-se o representante principal do tradicionalismo assimilado oficialmente pela Igreja Católica, desde que reconhecido como associação leiga de direito pontifício em 2001.

d) Estratégias

Os discursos de resistência operam sempre em duas direções mutuamente imbricadas: a afirmação de seus valores identitários de grupo minoritário e a negação dos valores do grupo maior do qual descende e discorda. Trata-se, portanto, de uma lógica da negação do outro e de uma autodefinição como negação dos demais. Esse segmento do tradicionalismo católico opera com essa lógica própria das seitas (definição e ação por oposição), no caso uma oposição ao que consideram modernismo, dentro ou fora da Igreja. As estratégias de construção dos discursos ideológicos se mostram muito claras: localização, desqualificação e condenação do que consideram erro. Essa autorreferencialidade constrói no grupo a imagem de possuidores da verdade e da bondade, colocando-se em uma posição de salvos distintos dos que estão em estado de danação, de modo particular o comunismo. A apologética e o proselitismo acompanharam não somente os discursos desse segmento, mas também suas militâncias públicas nas ruas e praças, por meio de panfletos, opúsculos e estampas de Nossa Senhora de Fátima.

e) Institucionalização

A institucionalização tem sido a marca desse tradicionalismo desde as suas origens. A liderança de figuras intelectuais pertencentes às elites é uma marca de todos os grupos, o que faz com que busquem com relativa facilidade os mecanismos de organização, a começar dos provimentos financeiros indispensáveis para a sustentação da obra. Ademais, o vínculo histórico com grupos católicos fortemente institucionalizados no seio da Igreja (como os Congregados Marianos) e o apoio de figuras da hierarquia católica contribuíram com a criação dos processos formais de estruturação jurídica e social dos mesmos. O caráter fortemente institucional desse segmento tradicionalista lhe deu a segurança como grupo visível, organizado e aguerrido, e, ao mesmo tempo, o destino de grupo cada vez mais distinto da Igreja Católica, até configurar-se como grupo cismático.

2. O tradicionalismo de legitimidade

As reações oficiais da Igreja Católica aos valores e práticas modernas constroem uma tradição que se vai impondo como modelo universal para o conjunto da Igreja, contando com a promulgação de textos oficiais de papas, com estratégias concretas de controles dos modernismos católicos e com a reprodução das doutrinas antimodernas por parte do clero, da teologia e de movimentos leigos. Torna-se assim sinônimo do próprio catolicismo que se expande desde o final do século XIX com uma marca eclesial autorreferenciada e com uma teologia de cunho tomista conservadora.

A legitimidade designa o consenso social estabelecido sobre o lugar oficial ocupado por essa tendência no corpo eclesial, precisamente nos segmentos hierárquicos e nas posições institucionais dos escalões mais altos aos mais baixos. Esse tradicionalismo foi ganhando legitimidade nos tempos pós-conciliares, na medida em que se firmava e avançava dentro da Igreja, como portador da leitura correta das renovações conciliares e operava desde o centro gestor da Igreja, a Cúria romana. Uma tendência conservadora tornou-se, desse modo, cada vez mais hegemônica na Igreja, configurando-se gradativamente como uma cultura eclesial. Já não se trata de um grupo tradicionalista, como na linhagem anterior, mas de uma tendência que se alimenta de fontes anteriores às renovações conciliares. O clericalismo foi a expressão mais concreta dessa cultura que se reproduziu sob o signo da oficialidade e nas dinâmicas das rotinas eclesial e eclesiástica. Encontrou abrigo e reprodução em muitos movimentos leigos e em novas comunidades que se expandiram nos últimos tempos. Essa tendência cresceu e se consolidou no interior da Igreja Católica, atingindo seu ápice na renúncia de Bento XVI.

a) Fontes

Por se tratar de um viés integrado à Igreja Católica, esse tradicionalismo tem suas fontes nos próprios textos oficiais da Igreja. As fontes principais podem ser localizadas no epicentro Pio IX e, de modo, mais preciso na teologia do Concílio Vaticano I. A palavra-chave é a luta contra o que se denominava modernismo.

Evidentemente, a Igreja Católica foi se abrindo aos processos de modernização durante o dinâmico e catastrófico século XX, de forma que a postura antimodernista vai sendo arrefecida com o passar do tempo nos próprios pronunciamentos e documentos papais. Mas é, sobretudo, o significado dogmático e o impacto prático das orientações emanadas do Vaticano I no conjunto da Igreja que constituiu sempre o porto seguro para o qual as tendências tradicionalistas retornaram, quando a temida "modernização do catolicismo" avançava, por meio dos movimentos leigos (a grande frente da Ação Católica), pela teologia (movimentos litúrgico, social, ecumênico etc. e pelas novas teologias) e pelo próprio magistério papal.

b) Inimigos

Esses permanecem dissolvidos no mundo moderno de um modo geral, embora, quando evocados sob essa denominação, tenham rostos menos definidos que na linhagem anterior. Os inimigos vão adquirindo feições e nomes concretos; alguns são mais tolerados (caso das ciências modernas), outros assimilados (a democracia e os Estados laicos) e outros fortemente rejeitados (o comunismo e o relativismo moral). A história dos inimigos a serem combatidos é temporariamente apaziguada no epicentro conciliar que apregoa o diálogo como regra universal e permanente, mas vai retornando aos poucos com diferentes nomes e frentes de batalha: primeiro o comunismo, as teologias modernas e a teologia da libertação; depois os relativismos; hoje a ideologia de gênero e as próprias reformas do Papa Francisco.

c) Sujeitos

Os sujeitos dessa tendência têm diferentes procedências, mas se concentram de modo nítido na Cúria romana. Eles são, antes de tudo, sujeitos legítimos, por estarem integrados na hierarquia – caso dos prelados e papas – ou no corpo eclesial – caso dos leigos inseridos em movimentos de orientação conservadora. Como no item anterior, a classificação em fases ajuda a resumir o longo processo. 1ª geração: que se eleva de Pio IX e avança até Pio X, pontífices militantes contra os modernismos internos, mas também externos à Igreja; aqui são lançadas as bases nítidas no tradicionalismo católico. No rol dos sujeitos que protagonizam essa era se inscrevem muitas congregações religiosas modernas e os movimentos leigos modernos, caso do Apostolado da Oração e da Congregação Mariana. 2ª geração: caracteriza-se pela divisão de águas sempre mais nítidas entre os sujeitos católicos que avançam para o diálogo cada vez mais aberto e ativo com o mundo moderno por meio da frente da Ação Católica e aqueles que, ligados aos movimentos acima mencionados e embasados nos textos do Vaticano I, sustentam as posturas antimodernas e assumem contornos tradicionais mais definidos e mais rígidos. Da parte do episcopado, permanecem as referências antimodernas do Vaticano I e da parte dos papas, uma dupla posição: o apoio à Ação Católica (braço da hierarquia no mundo) por Pio XI e Pio XII e, evidentemente, a condenação do que consideravam males modernos pelos mesmos. 3ª geração: configura-se no entrono do Vaticano II, firmando-se durante os trabalhos conciliares com aqueles bispos, clérigos e leigos contrários às reformas propostas por

João XXIII; permanecem vinculados à Igreja compondo um leque de variados perfis conservadores distribuídos no interior da mesma e buscam as estratégias de minimizar as reformas conciliares. Os personagens nominais são variados e aumentam em número, na medida em que no âmbito do pontificado de João Paulo II se firma sempre mais um projeto restaurador do catolicismo que sugere uma leitura tradicional das decisões conciliares (Libanio, 1984). 4ª geração: sujeitos que já compõem um quadro relativamente consolidado no seio da hierarquia católica como bispos e clero de perfis nitidamente conservadores.

d) Estratégias

A estratégia de afirmação dessa linhagem tradicionalista se deu, antes de tudo, como afirmação de uma tendência eclesial afirmada como legítima, em luta contra o que considerava ilegítimo e perigoso para a Igreja. O teólogo Massimo Faggioli expôs a luta pelos sentidos do Vaticano como clima e projeto que tem suas raízes dentro da própria assembleia conciliar e nas décadas que se seguiram ao grande evento (2015). Foi, de fato, da central da Igreja que adveio uma afirmação sempre maior desse tradicionalismo integrado e dissolvido nas ideias e nas práticas eclesiais, consideradas oficiais em oposição ao que era considerado desvio das verdadeiras orientações conciliares. Quais foram as estratégias concretas adotadas? Algumas podem ser enumeradas: a) leituras das decisões conciliares em perspectiva conservadora, utilizando-se de referência teológicas e jurídicas anteriores ao Concílio, no campo da moral (de modo particular na moral familiar), dos ministérios (manutenção do mesmo modelo de hierarquia), da colegialidade (centralização no papa e na Cúria romana); b) nomeação de bispos de perfil tradicional, por meios dos canais e processos centralizados das Nunciaturas Apostólicas; c) controle direto da produção teológica, a partir de um modelo doutrinal, teórico e metodológico sempre mais unificado (negação das teologias localizadas como suspeitas de heterodoxia); d) aproximação dos grupos tradicionalistas que haviam negado o Vaticano II, buscando reintegrá-los à Igreja (caso da Fraternidade São Pio X e seus agregados); e) apoio direto aos grupos tradicionalistas dentro da Igreja (legionários de Cristo, *Opus Dei*, Arautos do Evangelho).

e) Institucionalização

Como se trata de um tradicionalismo inserido legitimamente no corpo eclesial, os processos de institucionalização lhe são inerentes. Esses tradicionalistas se espalham pelos postos da hierarquia e pelo corpo eclesial, de modo particular por meio de movimentos leigos, e se firmam sempre em nome da oficialidade católica. Por outro lado, não há como negar que o apoio claro das instâncias dirigentes da Igreja CATÓLICA a esses grupos e tendências instaurou percursos de legitimação e oficialização bastante inéditos nos processos canônicos regulares. A *Opus Dei* ganha o status de prelazia particular, gozando desde então do direito de inserção em qualquer parte do planeta, em paralelo às dioceses ali presentes. Algo semelhante ocorreu com a ramificação da Fraternidade São Pio X no Brasil, a Administração Apostólica São João Maria

Vianey. Os Arautos do Evangelho, dissidentes da TFP assumidamente cismática por negar o Vaticano II e os papas posteriores, são criados em 1999 e conseguem em tempo recorde o título de direito pontifício dois anos depois.

3. Tradicionalismo emergente

As produções culturais não são estáticas; ao contrário, estão em mudança e construção permanentes. O mesmo ocorre com os grupos e tendências tradicionalistas. O que se diz aqui por emergente se refere aos novos modos de difusão dos ideais e das práticas tradicionalistas por meio das mídias e, de modo particular, pelas redes sociais, expressão direta de uma cultura do consumo cada vez mais individualizado. Essas têm, de fato, proporcionado a criação e expansão das mais variadas ofertas culturais, tendo em vista não somente a facilitação técnica da comunicação, mas também uma cultura da pluralidade que aí ocorre, sob o signo da pós-verdade. Os vários sítios virtuais permitem novas formas de relacionamentos sociais e construções identitárias que rompem com as formas clássicas de relacionamento social pela comunicação instantânea, pela diluição das clássicas distinções de tempo e espaço e pelas possibilidades de composição de conteúdos, para além de controles sociais e institucionais imediatos (Silveira, 2014). Esse tradicionalismo é uma espécie de reprodução independente e difusa daqueles já descritos, manifestando nítida tendência por fontes produzidas pela primeira linhagem; conteúdos tradicionalistas de natureza dogmática e política são veiculados como consenso de fé e com autoridade magisterial da parte dos divulgadores espalhados pelos sites e pelas redes sociais. Ancora-se, evidentemente, no jogo mercadológico do número de seguidores e não poupa estratégias de comunicação fragmentadas que reproduzem quase sempre informações rápidas, afirmações categóricas, frases de efeito e recortes textuais retirados de autores e documentos.

a) Fontes

As fontes aqui não são novas e sequer originais. Ao contrário, esses tradicionalistas bebem como querem e como podem das mais variadas fontes disponíveis, mas de modo direto pelo mecanismo da reprodução ágil e instantânea que permite buscar informações nos mais variados sítios, mas, sobretudo, em personagens vivos que se tornam referências de pensamento tradicionalista: padres, pastores e pensadores com esse perfil que sobrevivem com seus canais e páginas nas redes sociais. As fontes de onde retiram a matéria-prima dos discursos variam, em função da liberdade de composição dos conteúdos desejados: os velhos tradicionalismos do tipo TFP, personagens e discursos tradicionalistas inseridos na Igreja, figuras midiáticas que mantêm programas nas televisões católicas, fragmentos de discursos de papas e santos anteriores ao Vaticano II, devoções tradicionais, com especial relevo para uma certa devoção de Fátima já bem explorada pelos tradicionais clássicos descritos na primeira linhagem. Como é de se esperar desses nichos culturais, não se percebe uma fonte capaz de garantir uma coerência discursiva, uma consistência teórica e uma abordagem sistemática, como ocorre nas demais linhagens tradicionais. O uso regular de fontes a rigor extracatólicas, como a TFP, revela o modo livre de composição e difusão próprios das redes que rompem com os padrões associativos tradicionais: paradoxalmente um tradicionalismo construído por mecanismos de destradicionalização. No fundo subsiste o critério da individualização que caracteriza a cultura de consumo atual que opera um deslocamento do padrão comunitário e da tradição que identificava os grupos para as escolhas individualizadas que satisfazem por suas sensações (Lipovetsky, 2007, p. 49-50). Por fim, trata-se de uma fonte que se autorreproduz com agilidade e fecundidade e que se apresenta como fonte de verdade para os seguidores.

b) Inimigos

Embora se possa encontrar em muitos discursos o velho inimigo de fundo, a modernidade, não é essa a causa imediata regularmente defendida. A batalha se dirige a inimigos nominais e localizados: o comunismo, o marxismo cultural, a teologia da libertação com seus teólogos, as posturas relacionadas a um catolicismo social da opção pelos pobres, o Partido dos Trabalhadores aliado da esquerda católica, os bispos comunistas, a CNBB e, muitas vezes, até mesmo o Papa Francisco. O Sínodo da Amazônia foi o inimigo mais recente atacado por muitos canais e sítios das redes como grande heresia católica. Esses inimigos são vistos como deformações do verdadeiro cristianismo e da verdadeira Igreja, manifestações visíveis da ação do grande inimigo, o Demônio. Tudo o que consideram como esquerda é atacado como perigo e heresia para a Igreja e para a sociedade, sempre em nome de um projeto político de direita que muitas vezes é explicitado com nome e endereço. Não poupam das catalogações de hereges personagens conhecidos da Igreja, bispos, padres, leigos e, com frequência, teólogos. A capacidade que dispõem as redes sociais de localizar, nominar, amplificar e reproduzir os inimigos é inigualável a qualquer outro meio até recentemente utilizado pelos grupos tradicionalistas. Por certo, os resultados dessas estratégias são também imprevisíveis.

c) Sujeitos

Os sujeitos ativos nas redes sociais são sempre definidos por diferentes posições, perfis e empoderamento no processo de produção/reprodução das ideias. Há, com certeza, um recorte fundamental já característico das mídias clássicas: a distinção entre os sujeitos emissores e os sujeitos receptores. Sem qualquer rigidez que possa definir essas posições nas redes interativas, ela se mostra, entretanto, na distinção entre certos personagens e seus seguidores, entre fontes que geram, muitas vezes de modo anônimo, certas notícias e os reprodutores automáticos das mesmas por meio das redes. Se, por um lado, há que considerar, portanto, os produtores de fatos e notícias e, por outro, cada receptor com seus aparelhos celulares, há que frisar também a possibilidade de cada receptor se tornar imediatamente um produtor (reciclador) das informações recebidas. Nessa dinâmica de produção/reprodução/criação/recriação, o tradicionalismo católico circula com velocidade e com legitimidade pelas redes sociais e, por conseguinte, pela vida dos fiéis e de muitas comunidades eclesiais, como última verdade a ser transmitida com urgência em nome da fé e da Igreja. Onde estão os sujeitos? Nas centrais que produzem programas e fatos para as redes em cada terminal de aparelho celular.

d) Estratégias

A estratégia das redes sociais é a da produção permanente, renovada, ágil e fragmentada de fatos e notícias, assim como a criação de personagens a serem seguidos com suas mensagens concisas e persuasivas. Não faltam personagens de plantão que tentam emplacar como galãs, sábios e gurus com as mais diversas receitas rápidas de vida e de verdade, sem qualquer compromisso com a realidade dos fatos ou a coerências das ideias. Não faltam, de outra parte, os internautas ávidos de novidades e de verdades para curtir e reproduzir. Essa democratização é ambígua. Há quem veja nesse processo o espaço da imbecilidade. Umberto Ecco disse que as "redes sociais deram vozes aos imbecis". Outros pensadores, como Manuel Casttels, entendem que estamos em uma nova fase da comunicação com um grande potencial de transformação política. Para outros, estamos na era da pós-verdade, quando e onde tudo adquire validade como verdade imediata, sem exigir qualquer verificação.

O tradicionalismo emergente nas redes sociais se forma e avança por dentro dessas dinâmicas de agilidade e de relatividade das informações. Como qualquer outro produto, se oferece a quem está disposto a seguir, contando, por certo, com um apoio financeiro suficiente e eficiente para se viabilizar em suas plataformas. A estratégia de primeiramente criar o fato e, somente em seguida, prestar conta da veracidade, caso isso seja exigido, caracteriza as estratégias de muitos líderes tradicionalistas que citam nomes e fatos relacionados a personagens e igrejas sem qualquer filtro ideológico, político ou ético. As posturas de compartilhamento, de cooperação ou de ação coletiva (Shirky, 2012, p. 46) possibilitam uma forma nova de construir consensos onde a força da adesão e da coesão dispensa as clássicas mediações da razão crítica que, desde as origens da filosofia, distinguiu a ciência da opinião, o raciocínio verdadeiro do falso, o filósofo do sofista.

e) Institucionalização

Esse aspecto ainda é pouco estudado nas operações das redes virtuais. Ainda se trata de uma comunicação e de uma interação em "terra de ninguém", uma vez que a reprodução/produção instantânea de fatos é de tal agilidade que impossibilita os clássicos controles da sociedade e, no caso específico, dos editoriais das mídias clássicas. As posições e informações são em princípio verdadeiras, até que se prove o contrário, e, em muitos casos, quando o fato já está criado e se tornou uma verdade pelo simples fato de existir. Os conteúdos fabricados e circulados como *fake news* revelam a baixa exigência de verificação e controle social e legal dos discursos na sociedade em rede.

O tradicionalismo adquire essa dinâmica de legitimidade imediata como verdade para a maioria dos plugados nas redes; vai tornando-se cada vez mais natural como mais um discurso da Igreja Católica. Se até bem pouco o Jornal Nacional era a única fonte de informação verdadeira e, ainda em boa medida, o padre e o pastor também o eram com suas homilias dominicais, hoje cada personagem tradicionalista torna-se uma fonte de verdade a ser reproduzida por fiéis da melhor intenção. Os recortes de notícias depreciativas e distorcidas referentes ao Sínodo da Amazônia rolaram pelas redes de muitos grupos católicos como verdade oficial da Igreja, mesmo que reproduzissem posições frontalmente conta os bispos do Brasil e contra o próprio papa.

Não há, portanto, qualquer necessidade de uma institucionalização no sentido de um reconhecimento oficial da Igreja sobre os grupos, personagens e discursos veiculados nas redes sociais, o que se aplica também em boa medida às mídias católicas. O tradicionalismo tem legitimidade e vida longa nesses sítios de comunicação. Aí se tornam uma espécie de magistério em concorrência direta com o magistério oficial da Igreja. São visões e projetos tradicionalistas construídos por mecanismos sociais destradicionalizados que potencializam a difusão e a reprodução sociais como ofertas a serem consumidas pelos indivíduos em seus receptores de informação sempre verdadeiros.

***

As linhagens descritas de modo tipológico não esgotam outras possibilidades de mapeamento dos tradicionalismos de ontem e de hoje. Como já foi dito, não se trata nem de vertentes isoladas e puras, mas de tendências que se cruzam no momento de fundamentação, de afirmação e divulgação de suas ideias. A pergunta pela relação entre os três tipos orienta para as forças comuns que os constituem e orientam, bem como para as distinções que os caracterizam. Antes de tudo prevalece a identidade comum: autodefinição a partir de referências do passado e reticências às tendências presentes. Do passado selecionam, extraem e emblematizam certos padrões gerais de vida; padrões, desde então, afirmados como uma espécie de verdade eterna que exige, por essa razão, o julgamento permanente do presente, por si mesmo entendido como equivocado e destrutivo para a humanidade. Em nome de uma verdade única, eterna e divina encarnada em modelos teóricos, institucionais, morais, políticos e estéticos, os tradicionalismos se firmam e se afinam com tudo aquilo que somar direta ou indiretamente com suas posturas de preservação do passado e de rejeição dos ideais e práticas modernas que deformam a fé católica. Por esses territórios estão alocados todos os tradicionalistas, mesmo quando se estruturam de modo diferenciado no tempo e no espaço.

As distinções expostas em cada linhagem têm no centro dois mundos distintos: o catolicismo como epicentro do qual emanam as afirmações tradicionalistas, que reivindica sempre a postura de verdadeiro catolicismo em oposição aos falsos catolicismos; o mundo moderno com suas crises de valores morais e espirituais que ameaçam a vida humana. Essa tensão permanente alimenta os discursos tradicionalistas desde as suas origens e em seus diversos tipos. Mesmo que todos eles demarquem suas posições em plena inserção nas dinâmicas capitalistas, centro constitutivo da vida moderna, rejeitam um suposto "espírito moderno" desencarnado que deforma o mundo; mesmo contrários a essa cultura secularizada, relativista e ateia, defendem em todas as suas afirmações um catolicismo predominantemente individualizado que dispensa os compromissos sociais como vinculantes para a fé.

A sociedade atual cada vez mais estruturada em redes virtuais oferece o cenário do futuro certo-incerto sobre as dinâmicas sociais (as identidades e as relações), políticas (os ideais e projetos), culturais (os valores e as reproduções) e religiosas (os significados e as posturas). Tanto quanto outras tendências, os tradicionalistas têm habitado esses meios e aí afirmado suas identidades. E, nos moldes da regra geral das mídias, tornam-se cada vez mais uma oferta legítima para os indivíduos que os acessam, curtem, repercutem e seguem.

AFINIDADES

A missão própria que Cristo confiou a sua Igreja por certo não é de ordem política, econômica ou social. Pois as finalidades que Cristo lhe prefixou é de ordem religiosa. Mas, na verdade, desta mesma missão religiosa decorrem benefícios, luzes e forças que podem auxiliar a organização e o fortalecimento da comunidade humana segundo a Lei de Deus (*Gaudium et spes*, 42).

***

Perante a enorme complexidade de influências recíprocas entre as bases materiais, as formas de organização sociais e políticas e o conteúdo espiritual das épocas reformadoras, só poderemos proceder começando por procurar se são perceptíveis, e em que pontos, "afinidades eletivas" entre diversas modalidades de fé religiosa e a ética profissional (Max Weber).

CAPÍTULO V

Tradicionalismo: afinidades políticas

As afinidades entre tradicionalismo católico e ideologias e governos de direita são evidentes no passado e no presente. Não é necessário um grande esforço analítico para detectar as alianças entre essas expressões, em determinadas conjunturas da história ocidental. Da parte dos estudos científicos da religião, trata-se de uma relação já exposta por diferentes vieses teóricos: pela ideologia, na leitura marxiana, pela afinidade eletiva, na teoria weberiana, ou, ainda, pela legitimidade social, na perspectiva de Berger. Em todos os casos, a religião se apresenta como um dado importante na fundamentação, na motivação ou na justificação de configurações históricas e, por conseguinte, de regimes políticos. A natureza universal e absoluta da religião a faz funcionar (ter uma função) como base dos sistemas políticos, aparato do qual retiram ideias, imagens e regras para se edificarem como naturais e, quando não naturais, caso dos regimes de exceção, como necessários para o bem das pessoas. Os regimes de ultradireita são por definição e missão conservadores; pretendem manter uma ordem natural das coisas no modelo que adota para exercer o governo. As mudanças que alterem uma ordem pré-dada como verdadeira e boa por si mesma são denunciadas como ilegítimas e expurgadas como perigosas. Trata-se de uma ordem previamente adotada por ser uma espécie de "modelo existente desde sempre" com um fundamento evidente, um dogma político que se liga naturalmente a uma fonte natural ou divina, quase sempre divino-natural. Os regimes assumidamente históricos, autocompreendidos como resultados de consensos sociais, dispensam um fundamento transcendente necessário, uma vez que a autoridade se funda numa base imanente que pode ser refeita a cada época e lugar. É do consenso dos sujeitos que nascem os modelos e as formas de exercício de poder.

Evidentemente, poderes autoritários se apresentaram como ateus ou, ao menos, com fundamentos ateus, caso emblemático das ditaduras socialistas. No entanto, mesmo nesses regimes é possível perguntar pela presença de um fundamento absoluto (um dogma) dessacralizado, um fundamento religioso recriado (caso do nazismo) ou, então, pelo papel das religiões majoritárias na sustentação dos mesmos: caso da Igreja ortodoxa russa em relação ao regime socialista daquele país.

Eis o fato político regular: a aliança regular entre posturas religiosas tradicionalistas e regimes políticos de viés autoritário. Qual seria a afinidade que liga essas posturas, ao menos em princípio, construídas em territórios de natureza distintas? Qual a base histórica dessa afinidade que ultrapassa as discrepâncias de cosmovisão e de objetivos? É bem verdade que frequentemente elas ocorrem em conjunturas e com sujeitos comuns, mas, em determinadas conjunturas, constata-se a aliança de ateus e crentes, de judeus e cristãos, de protestantes e católicos, militares positivistas e pentecostais etc. Recentemente na América Latina, os governos de direita revelam de modo emblemático esse tipo de "ecumenismo conservador" e de "composição plurirreligiosa de ultradireita", fazendo cessar, ou ao menos ocultando em um plano irrelevante, as diferenças religiosas. Os poderes absolutos pedem fundamentos absolutos. Autoritarismo sem dogma não se impõe como legítimo e se legitima, enquanto o dogma fundante permanecer válido, até que caia na rotina histórica. O fato é que ideologias e projetos diferentes se encontram e se afinam em torno de propostas comuns de modelos econômicos e de governos. Tradicionalismo e conservadorismo econômico e político têm construído confluências no decorrer da história. Quais serão os pontos comuns desses encontros?

1. As crises modernas como fonte primeira

Como já foi exposto anteriormente, não se pode falar propriamente de tradicionalismo católico no contexto da cristandade medieval, embora ela constitua fonte e modelo para o que nos tempos da modernidade consolidada foi assim denominado. A modernidade separou, com seus projetos e crises, as tendências que buscaram solução teórica e prática no presente, no futuro ou no passado. Os tradicionalistas estão de acordo na constatação de uma crise presente produzida pelos valores e práticas modernas e na busca de soluções a partir do passado. É de um passado mais perfeito (mais santo, diria Weber), de uma gloriosa civilização destruída pela modernidade que se podem haurir os conteúdos gerais para reestruturar, ou mais precisamente, para restaurar o presente decadente. Entendem os tradicionalistas que a modernidade, definida como ideal, projeto e práticas, produziu desdobramentos equivocados, na medida em que buscou em si mesma, de dentro de seu capital simbólico, os princípios e as estratégias de solução de suas crises. A superação desse ciclo vicioso, feito de *crise-solução-crise*, advirá tão somente de fora dos capitais modernos. O tempo anterior oferece as soluções, segundo acreditam, já testadas em suas eficácias. Explica Weber que ocorre uma dominação "tradicional quando sua legitimidade descansa na santidade de ordenamentos e poderes de mando herdados de tempos distantes, 'desde tempo imemorial', crendo-se nela por méritos dessa santidade" (1997, p. 180). Os ideais socialistas se posicionam, curiosamente, no mesmo ponto de partida, a constatação de crise real e a busca de solução fora das políticas disponíveis no presente; retiram do futuro (da sociedade que há de vir com as revoluções) os seus valores e, por decorrência, suas metas e estratégias.

Com efeito, as crises acompanham o processo de modernização desde as suas origens. A inegável eficiência tecnocientífica, a vitória dos regimes democráticos, a sociedade plural e tolerante, os direitos universais do cidadão e a mundialização do regime capitalista desenhariam um quadro geral de uma vitória definitiva das promessas modernas, quando olhado de maneira formal, como configurações que refizeram a vida da civilização a partir do Ocidente, a partir do Norte, a partir da Europa central etc. Numa fotografia que retrata uma imagem estática, pode parecer verdade a ideia de uma vitória moderna que foi sendo consolidada geopoliticamente, desde o tempo e a época das revoluções modernas. No entanto, o filme da história revela as contradições em todo o percurso, bem como em sua performance atual. A modernização não foi, na verdade, nem homogênea nem hegemônica. Ela aconteceu como processo contraditório que consolidou conquistas de várias ordens sob a perda irreparável de povos e nações. A expansão europeia a partir do século XVI narra a epopeia de uma colonização – enriquecimento, conquista e impérios – destrutiva para os povos do novo mundo. As revoluções modernas aconteceram como exclusão de nações, povos, culturas, gênero e indivíduos. As crises da Revolução industrial produziram os movimentos socialistas e o grande regime do leste europeu que atravessou o turbulento século XX, enquanto paralelamente no Ocidente se executava a Primeira Grande Guerra e, na sequência no mesmo bloco histórico, era deflagrada a grande depressão econômica de 1929, os regimes nazifascistas e, em seguida, a Segunda Guerra Mundial. A tradução cultural dessas crises produziu, evidentemente, mudanças na percepção e vivências de valores por parte das populações que se adaptavam às novas condições de vida, se misturavam nos processos migratórios e adotavam novos modos de vida, cada vez mais urbanos.

As crises modernas não são menos relevantes que seus projetos idealizados e concretizados. A máxima fundante da era moderna, espécie de credo comum dos povos ocidentais – Liberdade, Igualdade e Fraternidade –, recebeu não somente honras políticas e versões legais, mas também as faturas dos movimentos sociais de ontem e de hoje. As configurações políticas do novo mundo que se vai descolonizando, as reconfigurações geopolíticas europeias desde a segunda metade do XIX, os regimes que emergiram no século XX e as próprias teorias sociais e políticas foram produtos que visavam explicar e solucionar as crises sem fim dessa era de revoluções, mais concretamente, era de consolidação do capital a partir da Europa central (Hobsbawm, 2016).

Os tradicionalismos e os conservadorismos (Nisbet, 1987) são produtos que persistiram nessas conjunturas, desde a segunda metade do século XIX, e que retornam de tempos em tempos como nova "solução" para as crises. Uma espécie de "eterno retorno", na expressão do cientista político peruano Farid Kahhat (2019). Modelos políticos e religiosos do passado são reinventados como saída mais adequada para as crises modernas. Preservados em formas de resíduos, de projetos resistentes e de um sistema de verdade, os tradicionalismos retornam aos palcos religiosos e políticos, quando as condições de crise tornam seus discursos viáveis, precisamente por oferecerem diagnósticos e soluções radicais. Em tempos de crise aguda do presente e esgotamento dos projetos de futuro (utopias), o tradicionalismo emerge como saída viável, muitas vezes como única saída, mesmo que ofereça em seu pacote de soluções medidas radicais e bélicas.

Mas a que tipo de crise se referem os religiosos tradicionalistas e os políticos conservadores? Se no passado é possível encontrar um tradicionalismo crítico em relação aos efeitos de um capitalismo nascente e cobrar desse soluções sociais justas, caso de católicos franceses como Lamennais (Ávila, 1972, p. 65-66), ou, mesmo, uma posição discordante do liberalismo, caso do integralismo brasileiro, na sequência da história o que se constata é uma integração dos grupos tradicionalistas/conservadores ao regime capitalista. Constitui o caso das ditaduras ocidentais, de modo particular as da América Latina no passado (regime forte que governa em nome da tradição cristã ocidental), e das tendências de ultradireita atuais: poderes de viés autoritário que se apoiam em grupos tradicionalistas católicos e fundamentalistas pentecostais. Nesse contexto de crises persistentes da longa modernidade, pode-se dizer que os tradicionalistas são economicamente integrados, socialmente insatisfeitos, culturalmente originais, politicamente reativos e religiosamente dogmáticos.

Durante todo o século XX, os tradicionalistas foram sempre integrados aos regimes capitalistas, defensores de sua filosofia liberal (do mercado livre sem ingerência, da sacralidade da propriedade privada, da inevitável diferença das classes sociais) e dos regimes políticos destinados à gestão do mesmo. Não se trata somente de uma opção sem alternativa perante o monstro do socialismo, mas, ao contrário, de uma opção que indica um universo de valores comuns que tem no centro o indivíduo com seu destino escatológico pessoal e com suas autonomia e responsabilidade moral perante Deus. O integrismo brasileiro, representado de modo emblemático pela TFP, é um retrato fiel dessa postura (Antoine, 1980, p. 20-41). Defesa do capitalismo, regime autoritário e tradicionalismo católico têm composto uma tríade regular pelo Ocidente afora no decorrer dos dois últimos séculos.

A insatisfação social não é mais a dos católicos sociais franceses do século XVIII, mas com relação ao que a modernidade instaurou como direito à igualdade. Os tradicionalistas são defensores intransigentes de um tipo de liberdade sem igualdade, quando se trata de economia, e de igualdade sem liberdade, quando se trata de exercício do poder político. A ideia de uma desigualdade natural entre os seres humanos, mistura de matriz ideológica nobre e burguesa, faz parte do ideário social dos tradicionalistas, donde decorrem os incômodos perante legislações e políticas que afirmem a igualdade social como princípio e regra do Estado e da convivência social. Incômodo ainda maior diz respeito à Doutrina Social da Igreja, de modo particular nas formulações elaboradas pelos papas no epicentro do Vaticano II. A temática teológica ou social da opção pelos pobres é vista como afirmação marxista estranha à genuína tradição católica que deve, sim, praticar a caridade, mas jamais lutar por uma justiça distributiva efetiva pelas políticas sociais dos governos e pela estruturação de uma nova ordem social.

Do ponto de vista cultural, ou seja, da vivência social dos valores afirmados e reproduzidos nas diversas expressões, os tradicionalistas se mostram, de fato, originais, na medida em que tendem a afirmar estéticas do passado nas arquiteturas, nas artes em geral, nos trajes eclesiásticos ou civis. O culto e a educação para gosto de padrões clássicos fazem parte dos projetos tradicionalistas, ainda que possam constituir um conjunto de códigos paralelos à cultura dominante ou, no caso das liturgias, a afirmação de padrões cultuais próprios da era pré-conciliar. O odor da santidade parece exalar de estéticas do passado: do latim, das batinas, das alfaias, dos hábitos medievais, do incenso, dos rituais de exorcismos etc. Ademais, a sofisticação ronda os costumes dos tradicionalistas como valor e direito que distingue o grupo dos demais mortais e, de modo nítido, dos padrões das classes inferiores. Não seria descabido falar também de um tradicionalismo estético que afirma certas linguagens tidas como verdadeiras e belas, não obstante fuja das posturas políticas reativas.

A reatividade política constitui, por certo, o cerne mais duro dos grupos e tendências tradicionalistas mais observantes. São sempre críticos e opositores dos valores políticos modernos: as autonomias que negam a sacralidade da ordem social e política, a igualdade que gera anarquia, a pluralidade que desestrutura a unidade geral da sociedade, a racionalidade agnóstica (ou metodologicamente ateia) que dispensa os princípios da fé e da confessionalidade das academias e da educação em geral.

Por fim, do ponto de vista religioso, os tradicionalistas se assentam e se orientam pelas certezas dogmáticas relacionadas ao princípio e fim de todas as coisas, à origem natural e divina das normas e leis, à distinção objetiva entre bem e mal, à decadência da condição humana, a uma única verdade e religião capazes de redimir a humanidade, a uma única Igreja portadora da verdade e da salvação. No fundo dessa religiosidade reside a teologia do Deus todo-poderoso; dessa imagem divina que mistura o mito de Zeus com o Ser grego e contém pouco de Javé e do *Abbá* de Jesus Cristo, decorre a afinidade mais fundamental entre tradicionalismo e poderes autoritários: a mesma teologia do poder absoluto e da obediência incondicional sustenta as posições distintas e fornece a base mais estável e segura de um poder uno, hierárquico, ordeiro e forte.

Duas convicções fundamentam e perpassam as posturas tradicionalistas: a certeza da crise moderna e a solução religiosa para a mesma. A causa das crises é a negação de Deus como dado de razão e de fé, mas traduzido historicamente numa sociedade unificada política, cultural e religiosamente. A solução já está previamente dada e politicamente desenhada: uma sociedade religiosa (cristã, evidentemente), gestada por parâmetros religiosos e, por conseguinte, dirigida por líderes religiosos. É de uma teologia do poder de Deus que decorre a teologia dos poderes da Igreja e dos poderes políticos a ele alinhados. A missão comum: a implantação de uma ordem natural-divina que mantenha a unidade em torno da mesma fé, do mesmo líder, do mesmo povo e do mesmo destino.

2. As negações constitutivas do tradicionalismo

Politicamente reativos, os tradicionalismos trabalham com pautas negativas que visam demonstrar os equívocos do tempo presente. Essa é a tarefa imediata e permanente, bem a gosto dos grupos e ideologias críticas dos efeitos perversos dos tempos modernos, incluindo os próprios grupos de esquerda. E por estarem inseridos em uma civilização cada vez mais modernizada, a causa da denúncia crítica se faz presente nos discursos religiosos ou políticos como contraideologia ou como identidade de resistência. A ordem deteriorada do tempo presente há que ser restaurada. Ainda que os tradicionalistas católicos primam-se por um pretenso discurso de natureza estritamente religiosa, sem vínculos políticos imediatos, há que afirmar, contudo, de um lado a negação da ordem presente como decadente (por certa teologia pessimista bastante utilizada como chave de leitura da realidade), de outro, a natural afinidade com políticos de direita, de modo particular em conjunturas de crise. O tradicionalista possui uma alma política conservadora e autoritária que pode emergir a qualquer momento, a depender das promessas políticas que se coloquem em curso. A via da estabilidade e da ordem agrega os conservadores da tradição católica e dos poderes autoritários.

Os tradicionalistas se afirmam como negação das mudanças, por acreditarem na herança histórica de um passado homogêneo que se perpetua no presente. Do ponto de vista diacrônico, é possível descrever três camadas dessa negação, indo do mais antigo e geral ao mais recente. As negações mais arcaicas que designam a própria origem da postura sobrevivem como um arquétipo repetido por fazer parte do catecismo fundante, embora adquira hoje uma grande complexidade teórica e prática. A negação intermediária ainda sobrevive como território inimigo claro e vivo (o comunismo e seus filhotes). A negação atual em plena construção desenha uma grande frente de batalha do Ocidente contra os que ameaçam sua unidade e estabilidade.

1ª) *A antimodernidade*. Negação de princípios e práticas modernas: autonomias modernas, liberdade de consciência, pluralismo em geral, diálogo inter-religioso, ecumenismo, relativismo, igualdade social, direitos humanos. Esses inimigos primordiais já não gozam de tanta clareza como no passado no imaginário e nos discursos tradicionalistas, embora emerjam como resíduos em circunstâncias particulares. Ademais, a ambiguidade do termo modernidade (e suas famílias semânticas) instaura uma zona equívoca nos discursos dessa natureza. Para todos os efeitos, a antimodernidade subjaz como um dogma fundante dos grupos e dos movimentos, de modo particular como perigo interno para a fé católica. A modernidade se instaurou a partir de equívocos teológicos e antropológicos, quando retirou Deus de seus pressupostos e modelos institucionais e colocou o ser humano como origem, meio e fim de seu projeto. A saída reside na construção de uma civilização que traga de volta aquele modelo teocêntrico e, ainda em boa medida, "teocrático". Essa camada mais arcaica de oposição à modernidade subsiste mais como resíduos do que propriamente como um sistema completo e explícito. Os grupos e tendências se apropriam dessas teses de modo diferenciado, ficando mais visível nos tradicionalistas clássicos, caso dos grupos que gravitam em torno da Fraternidade São Pio X e da TFP, embora esteja presente de forma mais sofisticada em discursos teológicos conservadores disseminados pela Igreja.

2ª) *O antissocialismo.* Inimigo concreto que tem sua fonte teórica em Karl Marx e nos marxistas, apresenta-se politicamente nos movimentos e partidos dessa ideologia e estrutura o planeta na geopolítica da guerra fria. Nos tempos dos regimes socialistas, essa luta tinha alvos concretos e se esmerava em expor as contradições desses regimes, sobretudo no tocante ao ateísmo neles inerentes. Tratou-se, de fato, de uma batalha mais prática que teórica, uma vez que evitava qualquer possibilidade de apropriação crítica das categorias marxianas, vistas como intrinsecamente contraditórias e más.

Hoje em dia, sem maiores rigores conceituais denominados "comunistas", esses inimigos são onipresentes no Ocidente e se mostram como perigo inserido em todos os espaços e nos discursos que defendam a igualdade social. Todo discurso de igualdade e justiça está demarcado como comunista, venha de quem vier. Ainda que a conjuntura mundial revele uma crise real dos regimes socialistas, esse inimigo permanece vivo e hoje adquire amplificações e ramificações fantasmagóricas dignas de ficções literárias. O anticomunismo tem retornado no interior do catolicismo e nos discursos dos poderes autoritários hoje emergentes como chave geral de leitura das oposições teóricas e ideológicas do que propõem como saída messiânica para a história. O comunista ainda é um monstro perigoso pronto a destruir por completo a vida do povo, um inimigo da nação, da Igreja e de Deus.

3ª) *A anti-igualdade*. O neologismo visa explicar a oposição que hoje toma corpo como frente nova dos tradicionalistas e conservadores da ultradireita. O princípio da igualdade de direitos entre as nações, grupos e indivíduos, concretizados em sujeitos sociais emergentes (refugiados, migrantes, mulheres, negros, LGBTI), em políticas sociais compensatórias e de distribuição de renda, em direitos humanos, em políticas e leis de direitos de refugiados, em afirmação da liberdade religiosa, são negados como males que corroem a velha unidade cristã ocidental. Essa unidade deve se retomada por poderes fortes que sejam capazes de conter a sangria provocada por esses princípios, demarcar as nações em suas soberanias e as próprias fronteiras do Ocidente. A democracia formal demonstrou ser incapaz de gerir essa conjuntura mundial, ocidental e local. Para tanto, valores e modelos do passado são resgatados sem escrúpulos políticos, criando cenas públicas inusitadas de retomada de governos totalitários com claro viés "teocrático".

3. Afinidades entre tradicionalismo e regimes de direita

Essa afinidade está hoje configurada nos discursos e nas plataformas de líderes de ultradireita pelo mundo afora. Cenas inesperadas de declarações religiosas de vários líderes chegam aos receptores da comunicação em tempo real. Manuel Castells sintetiza a tendência política atual, resultada da crise da democracia liberal nos seguintes termos:

> Assim que a crise de legitimidade democrática foi gerando um discurso de medo e uma prática política que propõe voltar ao início. Voltar ao Estado como centro de decisão...Voltar à nação como comunidade cultural...Voltar à raça, como fronteira do direito ancestral...Voltar também à família patriarcal...Voltar a Deus como fundamento (2018, p. 37-38).

Essa tendência política contemporânea compõe, portanto, o cenário de fundo no qual as "voltas" aos fundamentos se encontram numa espécie de confluência natural em que uma configuração distinta é reforçada por outra na afirmação de ideários e, sobretudo, de práticas comuns. As afinidades eletivas, conforme Weber, concretizam movimentos de convergência e confluências ativas que geram uma determinada configuração histórica. Nos processos de formação histórica ocorrem afinidades entre "influências recíprocas entre as bases materiais, as formas de organização sociais e políticas" e um determinado "conteúdo espiritual", entre "diversas modalidades de fé religiosa e a ética profissional" (1996, p. 64). O tradicionalismo, com suas teologias da estabilidade, tece afinidades com os conservadorismos políticos que se apresentaram como soluções para as crises modernas. Algumas palavras-chaves indicam essa confluência que vai tecendo conjunturas políticas que se retroalimentam com as visões religiosas tradicionalistas, tais como *ordem natural, unidade, estabilidade, hierarquia, centralização, autoridade, força, disciplina* e *ritualismo*. Trata-se de estruturas comuns de cosmovisões e práticas conservadoras que encontram na percepção religiosa o seu fundamento legitimador primeiro, mesmo quando, do ponto de vista de uma fundamentação política e legal do ordenamento político, se afirme a laicidade do Estado e os mecanismos secularizados da gestão do mesmo. Os passos a seguir mapeiam uma sequência da construção das afinidades entre religião e ordem secular.

1º) A afirmação do caos

Os mitólogos já descreveram o antagonismo caos-cosmos como constitutivo dos mitos de origem. As cosmogonias são descritas como a ordem que vence o caos, a vida que vence a morte. Sem caos prevalece a rotina e a regularidade do mundo que segue seu curso. A exposição da oposição desse antagonismo original está presente nas mitologias da criação e adquire versões atualizadas nos processos políticos de reconstrução radical da realidade. Sem a instauração de uma luta radical, não se legitimam processos de reconstrução da realidade e, por conseguinte, de eliminação do caos com seus agentes malignos e com sua força destrutiva. É possível perceber essa metafísica mítica sob as grandes crises a que os povos tomam consciência de estar enfrentando e sob as estratégias de legitimação da luta para vencer o mal com todas as armas possíveis e necessárias.

Portanto, a dicotomia cósmica *caos-cosmos* é uma estrutura fundante que se mostra em outras dicotomias que estruturam o real a partir das dimensões histórica, social, político e cultural; emerge, assim, uma realidade dicotômica que distingue (cria dois mundos), opõe (dois mundos irreconciliáveis) e confronta (dois mundos em luta) em nome de uma vitória final do bem que superará o mal. Vida e morte constituem o centro de dois polos opostos, de forma que matar significa fazer a vida de um dos polos prevalecer sobre a morte que o outro provoca. Essa construção maniqueia e escatológica é construída na medida em que estabelece de forma sempre mais nítida as oposições entre o natural e o antinatural, o moral e o imoral, o viável e o inviável, o bem e o mal. Concretamente, a oposição tem sido delimitada como oposição entre salvação e ruína econômica, verdade e mentira política, corruptos e honestos, superiores e inferiores, heresia e verdade, heterossexuais e homossexuais, homens de bem e homens maus, militares e civis, capitalistas e comunistas, vagabundos e trabalhadores, estrangeiro e nativo e, no final, entre os de Deus e os do Demônio. Nesse esquema maniqueísta a morte se insere na lógica da vitória do bem sobre o mal, eliminar todas as expressões do mal – todos os inimigos que destruirão a economia e a velha ordem ocidental – é não somente necessário, mas também natural e autorizada por Deus.

A ruptura da rotina com a instauração da crise e dos culpados instaura o caos e a busca urgente de uma recriação radical da realidade justificada por todos os métodos. Uma morte radical e completa de todos exige e justifica a morte dos inimigos para que o grupo sobreviva. O caos tem um responsável: por essa razão, a indicação do inimigo é fundamental para que se possa oferecer a luta inevitável entre antagonista e protagonista. A luta entre o inimigo e o herói escreve a saga mítica das lutas cósmicas em busca da restauração.

2º) A legitimação da realidade

Uma vez demonstrado o caos e tomado consciência dos riscos de dissolução da realidade, é necessário construir as bases seguras que superem o caos com o cosmos, a precariedade com a ordem. A volta ao fundamento radical segue o roteiro regular da legitimação religiosa exposta por Peter Berger (1985). A religião é a fornecedora da base mais radical que garante a estabilidade da realidade precária. Em tempos de crise, a necessidade se torna urgente e aguda: é preciso superar o caos com um fundamento seguro gerador de estabilidade.

Segundo a sociologia de Berger, as sociedades constroem seus valores, regras e instituições como meios de garantir as suas existências como coisa comum que deve ser vivenciada como objetividade por todos os indivíduos. A legitimação é o processo que visa dar coesão ao grupo de forma a superar sua precariedade intrínseca. A experiência explícita da precariedade social leva a processos de novas legitimações que se mostram como alicerces seguros de uma nova ordem a ser construída, de forma a garantir a continuidade do grupo. A legitimação da morte que aqui está sendo verificada constitui, por certo, um caso extremo e obviamente contraditório quando se busca estipular como natural aquilo que pode por natureza dissolver o próprio grupo. Ela parece ocorrer nas sociedades polarizadas; forma extrema de salvar o grupo de seus inimigos destruidores. A legitimação da morte é a institucionalização da guerra como caminho necessário de uma parte da sociedade que deve ser salva, eliminando a outra parte. O inimigo construído como perigo de dissolução final – escatológica – da história instaura o regime de exceção moral, política e jurídica. A ideologia de segurança nacional construída na década de 1970, pela ditadura militar, perseguia essa lógica. A estabilidade se torna, assim, um valor fundamental que justifica todas as estratégias que produzam segurança.

3º) Autoridade religiosa do poder autoritário

Os poderes autoritários se instituem como um sistema de crenças (Ingrao, 2015, p. 73-95) que vão sendo elaboradas, divulgadas e consolidadas como verdadeiras, sem exigências científicas. É o mito que emerge como solução milagrosa da crise caótica; o cosmos revelado como verdade primeira enfrenta a crise caótica com seus antídotos implacáveis que são oferecidos pelo líder escolhido por Deus e, obrigatoriamente, pelo povo. A afinidade dos poderes de extrema direita com a religião se torna importante, por se tratar de um conjunto de valores que oferece por si mesmo todas as respostas sobre a origem e o fim do projeto político, o que dispensa os critérios regulares da objetividade dos fatos e a lógica das ideias. Já não há consenso a ser construído, uma vez que a religião oferece um consenso preestabelecido de verdade e de segurança. A ordem política estabelecida é natural e, portanto, a única possível, por proceder de um fundamento eterno, ou seja, de uma ordem primeira que sempre existiu e que sempre existirá. A religião fornece esses elementos com seus textos sagrados e com suas normas morais deles decorrentes.

Peter Berger explica o processo de legitimação como uma construção daquilo que se torna um saber em uma determinada sociedade. Um grupo assume como uma verdade determinadas afirmações, embora essas não precisem ser teoricamente (eticamente) testadas como verdadeiras ou justas. A legitimidade é a própria ordem que se impõe como necessária em determinadas conjunturas. Por essa razão, as legitimações são, na maioria das vezes, pré-teóricas (1985, p. 42-43). Nas situações em que o caos ameaça a sociedade por meio de um grande inimigo, o ódio, a violência e a morte se tornam necessários e naturais. As legitimações não necessitam de verificabilidade, se impõem como saída verdadeira pelo fato de se mostrarem e serem cridas como necessárias. A construção social da legitimação não é construção científica. Nela mais vale o mito que a ciência, a origem absoluta que a verificação. A esse respeito vale citar a observação de Hannah Arendt sobre essa lógica inerente também ao sistema totalitário:

> ... dentro da estrutura organizacional do movimento, enquanto ele permanece inteiro, os membros fanatizados são inatingíveis pela experiência e pelo argumento; a identificação com o movimento e o conformismo total parece ter destruído a própria capacidade de sentir, mesmo que seja algo tão extremo como a tortura ou o medo da morte (2000, p. 358).

O antagonismo caos-cosmos se instala como transfundo absoluto que tudo explica e que tudo divide entre o bem e o mal, ou, entre os do bem e os do mal e como conjuntura posta que será conduzida tão somente pelo herói investido da missão de superação do caos pela ordem, da crise pela solução. Essa ordem mais sentida que pensada e afirmada por uma profissão de fé prevalece até que se dissolva com o passar do tempo, com a exposição de suas precariedades internas ou com o fracasso do líder. Trata-se de uma ordem para ser crida e reproduzida por uma adesão emocional e fanática dos adeptos, na qual tudo se submete aos rumos determinados pelo líder, mesmo que esses rumos, muitas vezes, rompam com valores convencionais e com parâmetros de comportamento instituídos. O fluir mágico do projeto de superação do mal terá uma solução certa no final do processo.

4º) A ordem e a autoridade

O consenso preestabelecido de uma ordem religiosa-cósmica-política garante a estabilidade do regime exercido por meio de uma autoridade legítima exercida de modo centralizado e efetivado pela obediência. Portanto, o senso de obediência às normas precede à consciência crítica, às expressões de liberdade, aos exercícios de diversidade, aos valores da tolerância. O que não reproduzir a unidade e a ordem será visto como suspeito e como risco de caos e de dissolução social; as leis que garantam a diversidade serão desmontadas ou relativizadas, as oposições serão sempre desqualificadas como equivocadas ou perigosas, os exercícios de autonomia individual e de poderes localizados serão vistos como desordem a ser evitada e controlada por todos os meios.

A unidade estabelecida sobre um fundamento religioso se implanta de modo legítimo e se torna natural como a única forma correta de exercer o poder; separa-se o natural do antinatural, o falso do verdadeiro, o que une do que divide, o precário do seguro. As teologias políticas pré-modernas exercem uma atração para esses regimes, por desenhar uma ordem centralizada e hierárquica do poder, oferecer um sistema moral centrado na ordem natural-divina e os símbolos de uma suposta unidade perdida nos tempos modernos. A ultradireita mundializada não hesita em retomar pautas supostamente superadas que beiram às teocracias antigas; assumem de modo simbólico e prático plataformas políticas de fundo religioso que visam salvar o velho Ocidente descristianizado e, para tanto, traçar estratégias políticas que afirmam: a) a identidade e a soberania do Ocidente em relação ao Oriente que avança com seus migrantes e refugiados; b) a identidade cristã a ser retomada por políticas demográficas que visem repovoar os países ocidentais; c) política familiares que recuperem as famílias tradicionais perante o risco das novas formas de composição familiar, sobretudo aqueles homossexuais; d) políticas restritivas aos processos migratórios Oriente-Ocidente, Norte-Sul, Sul-Sul, numa palavra, entre pobres e ricos. O cristianismo, ainda que assumido de um modo genérico, se mostra como fundo primeiro de uma unidade perdida a ser recuperada como salvação política do Ocidente--Norte e como saída para a crise econômica mundial.

4. A teologia do poder de Deus

Uma teologia do Deus todo-poderoso constitui a base mais fundamental das afinidades tradicionalistas com os poderes de viés autoritário, assim como com outras confissões religiosas. Essa teologia tem raízes fora da tradição cristã, embora possua correlatos na tradição do Primeiro Testamento. Ali, as imagens do

Deus que comanda a história, do Senhor dos exércitos, do Rei que comanda o universo desde seu trono etc. estão presentes, imagens que emergem historicamente a partir da experiência monárquica dos hebreus. É de fato de matrizes greco-romanas que se firma a imagem de um Deus poderoso que comanda o cosmos e a história. Esta imagem, ainda que rompida com a imagem do Pai misericordioso de Jesus de Nazaré e negada pelos deístas modernos, sobreviveu como legítima, tanto no credo oficial católico (creio em Deus Pai todo-poderoso) quanto, de modo vivo, nas religiosidades populares de viés católico ou pentecostal (para Deus nada é impossível). Um Deus que age como interventor nas ordens da natureza e da história, por meio do poder de Jesus (o sangue de Jesus tem poder) ou por meio de seus santos, faz parte da rotina religiosa do povo. Deus está sempre no comando, repete o povo crente.

A teologia do poder de Deus constitui o nó górdio da afinidade entre tradicionalismo e poderes políticos autoritários. Os modelos teocráticos antigos evidenciam por si mesmos essa teologia e não necessitam ser retomados. Contudo, muitos governos ocidentais, assumidamente democráticos, preservaram esse princípio, como pressuposto discreto: nome de Deus inscrito nas Constituições e nas cédulas, imagens católicas presentes em lugares públicos, juramentos públicos em sessões de jure com a mão sobre a Bíblia etc. Essa cultura político-religiosa conciliou com tênue equilíbrio as relações entre religião e Estado laico. Um consenso democrático conseguiu sustentar esse equilíbrio configurando diferentes modelos de estruturas e gestão laica do poder público, desde o tolerante Estado confessional inglês até a intolerância islâmica do democrático e tolerante Estado francês. As ditaduras latino-americanas em suas idas e vindas buscaram fundamentar suas ações repressivas em referências religiosas.

O Deus todo-poderoso que conduz a história foi adotado com frequência como fundamento político, porém, em regimes de exceção. Ações autoritárias pedem fundamentos absolutos. Contudo, o que se presencia hoje em vários pontos do planeta é um retorno do religioso como fundamento de projetos políticos de ultradireita, forma natural de salvar o Ocidente da grande crise. Novos líderes autoritários emergem por dentro da democracia desgastada como mensageiros de uma nova ordem mundial que busca no religioso seus fundamentos. O processo de desgastes da democracia descrito por Levitsky e Ziblatt (2018) carregou também no seu percurso uma emergência do poder religioso no seio das democracias. A passagem de uma teologia do poder operacionalizada no âmbito das confessionalidades religiosas (como poder solucionador das necessidades humanas) para o âmbito público configurou a retomada das referências teocráticas como discurso cada vez mais legítimo. O Deus todo-poderoso está chegando ao poder estruturado sobre os princípios da laicidade. E não se trata tão somente de uma profissão de fé de políticos instalados nos poderes legislativo, executivo e, até mesmo, judiciário. Essa teologia voltou com relativa legitimidade pública através de algumas vias: a) através de políticos religiosos representantes de igrejas que formam bancadas orientadas para bandeiras de cunho moral-religioso, o que instaura, gradativamente, uma luta entre crentes e não crentes, e evoca para tanto o nome Deus; b) pela crise econômica (política) que pede salvação urgente por meio de líderes messiânicos habilitados e que se impõem pela força de suas promessas, sem o teste da crítica pública; c) por meio de "teologias populares" que são sustentadas por esses líderes de frágil cultura letrada ou de pouca cultura político-partidária; d) com o apoio das mídias confessionais que divulgam pautas político-religiosas como missão dos crentes, pentecostais ou católicos, dando acento particular a temáticas morais como o aborto, a ideologia de gênero e os modelos de constituição familiar; e) pela sintonia com a religiosidade popular centrada no poder de Deus e satisfeita com promessas messiânicas, donde se consolida uma base de apoio político-teocrático, contando com a força ágil das redes sociais.

A luta entre o poder de Deus e o poder de seus inimigos configurou um quadro político que naturalizou o uso explícito do nome de Deus como arma política capaz de salvar o mundo local e global do caos. A legitimação religiosa que supera a precariedade da história, como explica Berger, tomou formas concretas no contexto político mundial. O Deus todo-poderoso fundamenta poderes políticos de direita.

5. A crise das democracias e os avanços tradicionalistas

A volta ao passado tem se apresentado como solução para as crises atuais. O surpreendente avanço de ideais e práticas supostamente superados pelos regimes modernos de vida e de pensamento desenha cenários inusitados que somente o futuro poderá avaliar seus reais alcances, ainda que a crise econômica mundial, mãe de todas as crises, não esteja dando sinais de solução. A crise da democracia liberal vai dando lugar a configurações paradoxais: tradições destradicionalizadas, partidos políticos despartidarizados, líderes políticos despolitizados, religiões desconfessionalizadas. Trata-se de uma configuração desconcertante que evidencia, por essa mesma razão, afinidades inéditas entre projetos de poder e religião, afinidades político-religiosas entre católicos tradicionalistas e pentecostais, entre cardeais conservadores e magnatas do dinheiro, entre teólogos e ideólogos de direita, entre devotos marianos e fundamentalistas. Mas evidencia também curiosas afinidades políticas entre líderes imperialistas do norte e líderes dependentes do sul, entre xenofóbicos ricos e pobres, entre moralistas ateus e crentes e, até mesmo, entre ignorantes e cultos. O imaginário tão real quanto irreal de uma crise mundial que conduziu o planeta à beira do abismo desenhou inimigos de tamanha grandeza e perigo, que liquidifica as diferenças identitárias e ideológicas até bem pouco vivenciadas como territórios distintos e opostos. Uma espécie de aliança estratégica espontânea se constrói nas confluências urgentes entre os salvadores do planeta (planeta chamado Ocidente capitalista).

A adesão a esses projetos pode ser vista também como autodefesa da sociedade de bem-estar diante das ameaças de mal-estar, autodefesa dos indivíduos satisfeitos, quando acuados pelo risco do futuro contencioso ou do caos econômico que possa exigir mudanças de comportamento nas práticas de consumo. As promessas de felicidade colocadas em risco justificam os poderes fortes capazes de socorrer das crises e garantir a permanência do ciclo desejo-consumo-satisfação como uma espécie de estratégia de "legítima defesa coletiva" da ordem do bem-estar individual. Na sociedade consumista, explica Lipovetsky, "a figura do consumidor é observada em todos os níveis da vida social, imiscui-se em toda parte, em todos os domínios..." (Lipovetsky, 2007, p. 129). Política e satisfação individualista não se separam mais, em nome de nenhuma objetividade comunitária. Nesse contexto, o inimigo causador do caos deve ser eliminado com todos os recursos, mesmo que comece pela eliminação física. O Deus dos exércitos oferece a justificativa dessas estratégias como fonte de legitimidade e de salvação.

As democracias morrem de maneira cada vez mais legítima, rompendo com os velhos métodos de tomada violenta do poder e corroendo por dentro os velhos princípios institucionalizados pelas democracias ocidentais. A rejeição ou relativização do jogo democrático, a negação da legitimidade dos oponentes, a tolerância e o encorajamento à violência e a restrição às liberdades civis constituem as frentes regulares dessa tendência cada vez mais mundializada, explicam Levitsky e Ziblatt (2018, p. 70-71). Com efeito, as democracias vão morrendo com as bênçãos religiosas que refundam o poder com suas teologias políticas: Deus salvará o Ocidente por meio dos líderes missionários da preservação do passado. Esta teologia está longe dos sistemas antigos instituídos no rígido edifício que ligava Deus, mundo e história. Ao contrário, ela se edifica sob as regras do discurso e das práticas religiosas populares, seja pelo viés católico tradicional, seja pelo viés fundamentalista. Em ambos os casos, trata-se uma visão do Deus todo-poderoso que migrou das funções populares (do milagre, do ritual eficaz e da prosperidade) para as funções políticas (bancadas legislativas e para os poderes executivos). A teologia política considerada há muito superada retorna com força e ganha legitimidade como nova filosofia que sustenta o poder, liquidamente democrático.

O processo de construção religiosa do poder adquire hoje um dinamismo sem precedentes. As redes sociais cumprem essa função de refundação cósmica com grande agilidade e eficiência, na medida em que oferecem leituras radicais, definitivas e permanentes da realidade, sem maiores exigências de verificação lógica e empírica. Mais eficientes que as lentas narrativas orais que construíam as grandes narrativas no passado, as redes sociais constroem a realidade em segundos e expandem com agilidade e eficiência os seus dogmas e suas imagens de mundo. O consenso social é construído nessa interação espontânea e radicalmente individualizada. Cada usuário transforma-se imediatamente em um sujeito inserido no processo de construção social da verdade, sendo que a mensagem torna-se, de fato, sinônimo de verdade, dispensando qualquer critério de verificação científica.

***

As filosofias políticas modernas colocaram Deus e seu poder no âmbito das intimidades confessionais e individuais. Foi essa a pauta dos filósofos políticos modernos (Lilla, 2007). As democracias se estruturaram e se consolidaram sob essa regra e legaram às gerações democratas a certeza de um exercício secularizado do poder, sem qualquer risco teocrático. O poder do Deus moderno foi exercido na esfera isolada do cultural-religioso e aí conheceu as mais variadas formas de expressão e institucionalização, segundo as possibilidades garantidas pela lei da liberdade religiosa. Em estado de encubação, o poder divino não conheceu sequer limites impostos pelas ciências que avançavam; permaneceu ativo como explicação do real e como força interventora na realidade. O Deus todo-poderoso jamais abandonou a cultura ocidental; sobreviveu com plena eficácia na esfera da cultura popular e erudita e subsistiu sob controle nas estruturas secularizadas das instituições laicas do Estado. As traduções recentes do poder divino privado para o poder divino público, ou da ritualidade para a política, resgata e reinventa a afinidade político-religiosa supostamente superada. Nesse contexto, os tradicionalismos religiosos ressuscitam com suas velhas fundações do mundo, porém, agora, por meio de composições inéditas que incluem a pluralidade de confissões. Nas rachaduras da crise econômica e política, as teologias da conservação se apresentam como solução segura para uma ordem mundial acuada pelo medo da dissolução imediata. O Deus todo-poderoso vencerá todos os inimigos que ameaçam a soberania dos Estados, a autonomia do Ocidente, a civilização cristã, por meio de líderes poderosos.

CAPÍTULO VI

Papa Francisco e as direitas emergentes

O pontificado de Francisco entra para a história como um projeto reformador e exercido em meio a agressivas oposições advindas de setores conservadores da sociedade mundial. Trata-se de uma dialética politicamente compreensível em conjunturas reformadoras, porém inédita no catolicismo, desde o Vaticano II, e, sobretudo, inédita pela publicidade que vem adquirindo nos manifestos de prelados e teólogos até bem pouco tempo defensores da fidelidade irrestrita ao romano Pontífice. Não se trata apenas de uma ruptura de etiquetas católicas, mas da ruptura de um *ethos* pautado no consenso e na fidelidade eclesiais.

Para além das regularidades sociológicas do catolicismo, tem emergido uma nova frente de oposição ao Papa Francisco dentro e fora da Igreja, sem quaisquer escrúpulos eclesiais, políticos ou diplomáticos, sem territórios confessionais definidos e sem disfarces eclesiais que preservem a tradicional comunhão e fidelidade católicas. De fato, certas manifestações públicas chegam, em termos católicos, ao status de cisma, quando o papa anterior, Bento XVI, é evocado como autoridade e símbolo de papa atual.

Pode-se verificar uma antipatia política mundializada em relação ao Pontífice latino-americano, bem como estratégias que o desqualificam perante a opinião pública, como politicamente ingênuo e irresponsável (por suas críticas ao capitalismo), como imoral (liberalidade em relação aos casais de segunda união) e herético (por seus ensinamentos doutrinais). É bem verdade que as oposições internas são mais diretas e severas que aquelas externas. Prelados vêm a público com manifestos contrários ao papa, buscando qualificá-lo de incoerência e incompetência doutrinal para o exercício da função. Supostamente falam tão somente em nome da pureza doutrinal, sem qualquer correlação com a conjuntura política mundial, embora seja possível, de fato, mapear pequenos conclaves e estratégias que aliam religiosos e políticos em um campo mais ou menos comum de confronto com o papa reformador.

Perante esse quadro, é possível formular uma hipótese. São antipatias e estratégias internas e externas à Igreja que se cruzam, em última análise, numa confluência econômica, a partir de onde emerge uma nova (ou velha) direita política mundial com objetivos e estratégias comuns (Kahhat, 2019). Francisco tem sido visto como ameaça a interesses de grupos econômicos que sempre mantiveram alguns tentáculos no pequeno estado de que é chefe, mas também por se posicionar contra os interesses do capital improdutivo (Dowbor, 2017) que domina o planeta e se afirma nesse momento de crise como único e imprescindível e com estratégias novas de defesa do bloco ocidental contra os demais inimigos. O que fugir dessa máxima será considerado como esquerda superada e comunista e como perigo mundializado à ordem hegemônica gestada a partir do norte ocidental. Munido de um capital fundamentalmente teológico, o Papa Francisco se encontra hoje no centro da discussão de estratégias políticas sobre os rumos do capital globalizado que mostra seus efeitos deletérios para o planeta, para as nações e, sobretudo, para os mais pobres.

1. A variável política Papa Francisco

Na história do Ocidente, o papado esteve regularmente vinculado às geopolíticas que se configuravam nessa parte do globo, da defesa dos interesses dos territórios pontifícios à defesa da hegemonia de seu poder político perante os reinos e, até mesmo, perante os estados modernos. Ainda que seja esse um capítulo da diplomacia do estado do Vaticano, figura que se mistura de modo teologicamente confuso com a Igreja, embora de modo natural com as relações internacionais, as relações dos Pontífices romanos com as conjunturas políticas modernas – e, evidentemente, com as conjunturas e modelos econômicos – têm seguido uma regularidade visível: a política das boas relações, a postura de estado neutro e o discurso conciliador com os poderes estabelecidos e, por vezes, com os poderes dominantes. E uma aparente postura para além da esquerda e da direita costuma sustentar não somente os discursos diplomáticos dos representantes do minúsculo estado, como também condicionar os discursos e, até mesmo, os ensinamentos do magistério papal.

Mesmo quando, desde a *Rerum Novarum* de Leão XIII (1891), a crítica aos regimes econômicos se tornou regular na sequência das Encíclicas sociais, o tom predominantemente moral dos discursos nem sempre deixou transparecer as opções políticas subjacentes; de fato, com qualificada habilidade, essas críticas souberam conciliar uma crítica dos efeitos dos sistemas econômicos com a relação efetiva do estado pontifício com as nações e poderes políticos, mormente com as potências ocidentais.

Na verdade, a diplomacia vaticana pode não somente dificultar uma postura profética da Igreja, como também expressar uma persistente ambiguidade: em nome da diplomacia se evita, muitas vezes, um posicionamento ético-político definido que termine por exigir um posicionamento dos papas no exercício de seus magistérios. É precisamente nesse exercício que tem persistido até bem pouco a ginástica discursiva que evita o confronto direto e, evidentemente, o posicionamento político que desemboca nas opções tipificadas de "esquerda" e "direita" com suas propostas de modelos econômicos. A esse respeito há que frisar uma evidente exceção no posicionamento político explícito e militante de João Paulo II em relação ao regime socialista, de modo direto na área de domínio da antiga União Soviética. Não obstante seu magistério social politicamente equilibrado, não ocultou suas convicções, opções e estratégias contrárias ao regime socialista, o que muitas vezes se traduziu em boas relações com os líderes do capitalismo ocidental (Ezcurra, 1985). Ainda que se possa observar uma evolução da crítica ao modelo econômico capitalista nas Encíclicas sociais anteriores, o fato é que Francisco opera uma ruptura de paradigma em seus posicionamentos, na medida em que considera o regime como perverso em si mesmo e postula a necessidade de construir outro modelo que seja viável para a espécie humana e para as espécies vivas, como ensina na *Encíclica Laudato Si'* (Bento, 2018, p. 509-523).

Esse quadro de regularidade diplomática, muitas vezes determinante de uma "regularidade" teológica e pastoral dos ensinamentos papais, tem se modificado nos últimos tempos. O Papa Francisco tem se posicionado, de fato, como nova variável na conjuntura político-econômica mundial, desde seu epicentro norte ocidental. Ao que parece inverte o método de atuação papal, quando a postura pastoral é que passa a direcionar a diplomacia e não o contrário, o que tem consequências no momento de proceder às críticas ao modelo econômico hoje hegemônico: posicionamentos que não fazem concessões aos efeitos e à lógica interna no regime capitalista. Os valores do Evangelho são imperativos primeiros, verdades inegociáveis política e diplomaticamente. Essa postura firme e clara sustenta o pensamento papal e dá o tom de seus discursos, inclusive nos momentos em que a diplomacia está diretamente envolvida. No exercício do ministério petrino, o pastor prevalece como identidade primeira das relações diplomáticas e das críticas sociais e políticas, mesmo quando se trata de exercício explícito de diplomacia. Em sintonia direta com o Vaticano II, os valores evangélicos são adotados como fundamento ético das críticas sociais, políticas e econômicas que ele profere em seus documentos oficiais e discursos com linguagem simples e direta, como se pode conferir na Exortação *Evangelii Gaudium*, 55-60, e na Encíclica *Laudato Si'*, 101-136.

Por conseguinte, para além de um *modus operandi* bastante regular dos bispos de Roma, o atual tem se mostrado original e perigoso para os projetos de uma frente política de ultradireita emergente no planeta a partir do norte do Ocidente. O que tem ocorrido nesse papado que se pode falar em irritação e, até mesmo, em estratégia da direita política mundializada em relação ao Papa Francisco? Será ele mais político que os papas anteriores? E, para ficar mais complexa a questão: qual a relação das reformas franciscanas em curso com a conjuntura política mundial, retomada pela direita política? Parece claro que o estado do Vaticano, com suas políticas internacionais, não explica o fenômeno atual que se torna cada dia mais público: Francisco constitui uma ameaça à ascensão ideológica e política de projetos conservadores, em suas expressões geopolíticas locais nos dois lados do Atlântico e nos dois hemisférios do globo. Não se trata, evidentemente, de um confronto político direto, mas de um confronto ético, simbólico e ideológico de dois modos de ver o ser humano e as estruturas históricas colocadas a seu serviço nos projetos e modelos políticos concretos. A postura crítica clara e direta, quando considera o sistema econômico mundializado, as estratégias de desenvolvimento, a cultura de consumo e as políticas de segurança dos países em relação a refugiados e migrantes, o posiciona na contramão de uma tendência política que se mundializa em projetos de viés autoritário que retomam padrões revisores do presente e do passado e se apresentam como frente salvadora da deterioração final do planeta (na verdade, Ocidente e hemisfério norte). Francisco torna-se uma variável política incômoda e potencialmente desestabilizadora para as estratégias de poder dessa ultradireita emergente.

Por essa razão, Francisco está na mira de alguns defensores do poder econômico mundializado com suas frentes políticas espalhadas pelo mundo. Trata-se de um expoente político mundial ameaçador dos valores ultraliberais defendidos pela nova direita que almeja salvar o Ocidente da crise final e estabilizar o capitalismo financeiro como a única saída para a história. Para esses, o modelo clássico de democracia já se esgotou e, na verdade, ofereceu o germe de toda crise com seus valores centrados nas liberdades, direitos individuais e direitos sociais (Ranciére, 2014; Dardot-Laval, 2016, p. 379-402).

As reações da direita política mundializada ao Papa Francisco podem ser olhadas em uma dupla direção: uma interna, que revela um tradicionalismo católico renitente, crescente e atuante, e uma externa, que se articula com a interna de forma inédita para o *ethos* católico da comunhão e da fidelidade ao papa que vigorou até recentemente. Ainda que se possam analisar as lógicas diferenciadas de cada uma das frentes, elas configuram uma dinâmica de afinidade conservadora que se dá entre tradicionalismo religioso e tradicionalismo político, mesmo sabendo tratar-se de posturas com origens geopolíticas distintas que publicamente professem credos diferentes. A composição é, em princípio, estranha, mas se encaixa na lógica da chamada nova direita, mistura de "ideais do conservadorismo, do libertarianismo e do reacionarismo" com ingredientes de "eugenismo" e "segregação racial" (Carapanã, 2018, p. 34). O ingrediente católico conservador não somente cimenta esses ideais intolerantes como se mostra necessário para a construção de bases políticas da consolidação da direita na Europa. O resgate do catolicismo conservador enfrenta simbolicamente o catolicismo progressista capitaneado pelo Papa Francisco e oferece os fundamentos religiosos para a nova direita. Vale lembrar que essa confluência política não explica a totalidade das motivações que regem as oposições internas ao Papa Francisco. Outras variáveis próprias da endogenia católica e curial romana existem, mas não serão aqui abordadas, como os casos da carreira eclesiástica ou do *lobby gay* (Martel, 2019). O fato é que nenhum grupo social ou político pode apresentar-se como isolado do sistema-mundo atual em que se encontra inserido. A autonomia relativa dos subgrupos em relação a esse sistema não significa neutralidade, mas, ao contrário, que existem conexões necessárias a serem examinadas. A Igreja Católica, além de um complexo grupo religioso, está vinculada a um estado, o que a faz peculiar nas tramas políticas do mundo globalizado. O Papa Francisco instaurou uma variável política nova no cenário global por seu viés pastoral nitidamente posicionado em favor dos excluídos e crítico não somente aos rumos do capitalismo atual, mas a sua lógica interna. Na sequência da Doutrina Social, mostra-se de modo claro uma crítica globalizada (radical) do capitalismo. Pode-se dizer que hoje a postura crítica de Francisco em relação ao capitalismo corresponde ao que foi a crítica de João Paulo II em relação ao regime socialista durante o seu pontificado. A crise globalizada (Castells, 2018) do modelo econômico tem recebido de Francisco uma crítica radical e sem negociações reformistas (Bento, 2018, p. 509-523). Mesmo que esta postura já tenha sido defendida pelos teólogos da América Latina desde o início da teologia da libertação, agora ela se encontra na boca do líder maior do catolicismo e de um dos líderes do Ocidente. Trata-se, agora, de um sistema perverso não somente por suas consequências sociais (desigualdade e pobreza), por sua filosofia individualista (centrado no lucro sem medida), por seus princípios neoliberais (autorregulação sem finalidades éticas e gestão do estado), mas de um sistema que deve ser refeito em seus princípios e estruturas. É preciso dizer *não* ao que ele produz, ao seu mecanismo e ao seu fundamento idolátrico (EG, 56-60).

2. O tradicionalismo católico e suas frentes

Como já foi exposto, o tradicionalismo católico tem nomes variados, organiza-se em grupos igualmente variados e atua em algumas frentes comuns. Contudo, sua dinâmica é complexa: as tendências são organizadas e também dissolvidas pelo corpo eclesial, são nominais e anônimas, são militantes explícitos e disfarçados de fiéis ao papa, são indivíduos e grupos agregados nas redes sociais. O próprio Francisco detectou as diferentes formas de oposição às suas reformas no seu pronunciamento à Cúria romana em 22/12/2016 (Passos, 2018, p. 69-71). Com efeito, é possível detectar causas comuns que perfilam essa frente tradicionalista, como a luta intransigente contra o aborto, a negação do ecumenismo, a crítica à chamada "ideologia de gênero", a afirmação do comunismo como grande inimigo da fé católica e, por conseguinte, a rejeição de toda crítica ao capitalismo, a negação da pluralidade religiosa e teológica, a defesa da moral objetiva, a simpatia por regimes autoritários e a afirmação de uma estética litúrgica de moldes tridentinos. Possuem, portanto, como traço comum uma visão eclesiocêntrica, uma postura exclusivista do cristianismo, e a intolerância às pluralidades modernas. Entendem a tradição como repetição de uma verdade de fé eterna, a doutrina como um sistema de ideias fechado e imutável, a moral como expressão da lei natural, a vivência eclesial como obediência à lei/autoridade, a espiritualidade como exercício individualizado e a mística como negação do mundo.

Mas não se trata de um grupo social que, por se constituir de modo autorreferenciado, possa explicar-se por sua lógica interna, sem relações com a sociedade atual. Ao contrário, eles estão diretamente afinados com as expressões políticas de direita e de ultradireita que se articulam pelo mundo afora; são expressões religiosas que traduzem em seus códigos simbólicos essas tendências, em princípio secularizadas. Em termos weberianos, poder-se-á falar em *afinidade eletiva* entre as duas frentes, a configuração religiosa e a configuração político-econômica (Weber, 1996, p. 64). Uma afinidade eletiva expressa o encontro de configurações culturais distintas e, aparentemente distantes, mas que, concretamente, entram em uma dinâmica de confluência e de reforço mútuo (Löwy, 1989, p. 15).

As afinidades são explícitas nas posturas e nos discursos: preservação da ordem econômica e da sociedade de classe, afirmação do poder autoritário e da intolerância com as diferenças políticas, negação das ideologias e projetos de transformação social, negação dos direitos das minorias e dos sujeitos emergentes, afirmação de projetos políticos de uma retomada da cultura cristã ocidental, afirmação de um "modelo natural" de família e, por conseguinte, de um estado afinado a discursos e grupos religiosos. Com diferentes modos de adesão e por meio de distintos sujeitos individuais e coletivos, a frente católica tradicionalista alinha-se a esse projeto político e revela alianças emblemáticas com o mesmo. O fato mais original é que não se trata mais de uma cruzada ideológica conservadora que opera somente na esfera dos discursos – hoje maximizados pelas redes sociais –, mas que avança efetivamente com projetos de poder que assumem governos e postos governamentais pelo mundo afora. Na pretensa, e agora planejada, retomada pré e antimoderna da história, encontram-se e se afinam ativamente os distintos sujeitos que entendem a realidade como ordem natural (religiosa) estável e imutável que deve ser retomada e afirmada politicamente em novas formas de governo que superem os equívocos modernos.

3. Alianças e afinidades

Até algum tempo essa afinidade conservadora era restrita a grupos político-religiosos bem definidos, como no caso do movimento Tradição, Família e Propriedade no Brasil, ou a Fraternidade São Pio X na Europa. Hoje, já não se trata tão somente desses grupos, por ora realinhados em novas denominações (no caso do Brasil: *Arautos do Evangelho, Montfort, Administração Apostólica São João Maria Vianney*), mas de uma variedade de expressões que demarcam presença nas redes sociais (caso do já conhecido *Fratres In Unum* e o caso mais recente da *TV Nossa Senhora de Fátima*), que se inserem em movimentos em princípio integrados na plena comunhão católica, como em certas tendências da Renovação Carismática Católica e de outros movimentos leigos tradicionais. O posicionamento político naturalmente alinhado aos grupos políticos de ultradireita caracterizam esses grupos de um modo geral e parece integrar suas genéticas. As últimas eleições no Brasil ofereceram um laboratório emblemático dessa postura. O apoio explícito a Jair Bolsonaro esteve na pauta desses grupos e ainda permanece resistindo, não obstante os desgastes da figura do presidente e do governo de um modo geral. Todos eles são simpáticos aos ensaios delirantes de uma gestão religiosa (espécie de neoteocracia) que hoje se encontra em curso no governo, juntamente com todas as suas estratégias políticas de viés totalitário que negam direitos individuais e sociais como perversos ao bom funcionamento econômico do Estado.

Contudo, não se trata tão somente de uma conjuntura nacional. Essa frente político-religiosa se espalha e se configura mundo afora com suas idiossincrasias locais. Na América do Norte, o presidente Trump não é tão original quanto parece. A visão de que os EUA concretizam politicamente o povo escolhido por Deus para ser o seu juiz sobre o mundo e defender o Ocidente de um inimigo iminente, com nomes variados (antigamente os comunistas, hoje os islâmicos), persiste como convicção na alma política norte-americana e, sobretudo, no partido republicano. Na Europa secularizada, defensora da pluralidade de manifestações e berço dos direitos humanos, esses regurgitos pré-modernos soam mais inéditos, embora conquistem efetivamente espaços sociais e planejem postos de poder.

Mesmo que os cardeais e clérigos que criticam o papa acreditem na intencionalidade unicamente doutrinal de suas críticas, elas não operam em um campo de neutralidade política; ao contrário, estão inseridas em um campo de batalha de projetos políticos no qual Francisco destaca-se como inimigo comum na cena global. Trata-se de uma figura do Sul do planeta que enxerga e opera seu projeto de reforma da Igreja e de mudança da sociedade desde esse lugar geográfico, histórico e social (teológico e eclesial). Nesse caso, as distintas críticas, políticas e religiosas, somam-se em seus objetivos estratégicos de eliminação do mesmo inimigo: herege das doutrinas estabelecidas pelo sistema econômico mundial e pela mentalidade tradicionalista católica. Com consciência ou não da parte dos sujeitos, estaríamos diante de uma cena política usual de aliança estratégica, mesmo que temporária, em prol de uma causa urgente que supera as diferenças dos distintos sujeitos.

A aliança entre religiosos tradicionalistas e políticos de direita se encontra em marcha no Ocidente. A ultradireita exibe um projeto redentor para a crise econômica mundial e não titubeia em apresentar a religião como fundamento indispensável da operação.

Entende que é urgente resgatar a identidade cristã ocidental com seus valores e modelos de vida social e moral. Trata-se de uma frente que agrega diferentes grupos cristãos que, até bem pouco, não se entendiam: católicos tradicionalistas com pentecostais, no caso do Brasil. Na mesma lógica agrega judeus, católicos e protestantes fundamentalistas na América do Norte ou, ainda, católicos conservadores e políticos não religiosos na Europa. Um macroecumenismo ultraconservador que une as tradições mais distintas contra inimigos comuns. Quem aguardava quem na curva da história? O tradicionalismo católico recrudesceu com a eleição do papa do fim do mundo (do Sul do mundo) e rapidamente compôs uma frente contrária às reformas religiosas do novo papa. Essa resistência aparentemente de natureza puramente religiosa (doutrinal e moral) toma corpo com o apoio direto das forças da direita política local e norte-americana. Políticos que jamais foram religiosos começaram a manifestar suas devoções. Deus salvará o Ocidente das invasões dos bárbaros atuais! O ideólogo Olavo de Carvalho apregoa essa "evidência" histórico-astrológica e agrega adeptos que hoje ocupam o poder. O Ministro do Interior italiano apareceu empunhando um rosário em manifestação pela defesa das políticas de soberania da Itália (Accattoli, IHU 20/05/19). E o mais cômico, se não fosse trágico: uma trindade plural e una reuniu-se em um bar em Roma para discutir estratégias de resistência às políticas adotadas por Francisco em relação aos imigrantes e refugiados. Trata-se de nada menos que o estrategista de Trump, Steve Bannon; do Ministro do Interior da Itália, Matteo Salvini; e do cardeal norte-americano

Raymond Burke. A unidade política se sobrepõe às diversidades pouco afinadas dos personagens. O Papa Francisco seria uma real ameaça à integridade política da Europa e do Ocidente. O papa que ajudaria a empurrar o mundo para um fim catastrófico. Os três unos-distintos revelam, na verdade, uma real declaração de guerra ao papa, da parte da direita mundializada, defensora do capitalismo comandado pelo império norte-americano e entrincheirado no Norte do globo. Os poderosos donos do dinheiro não contavam com essa variável inconveniente, instalada no Norte do globo e reforçada por uma dupla força político-religiosa: o poder tradicional do papado e o poder carismático de Francisco.

Os três estrategistas estão juntamente com outros cardeais e católicos milionários metidos em um megaprojeto de formação político-religiosa. O Instituto pela Dignidade Humana, já criado em 2008, em Roma, terá nova sede na histórica Cartuja de Trisulti, alugada pelo governo italiano. O projeto conta com o apoio do bilionário católico Nirj Deva, que dirigirá o Comitê Internacional do Instituto, e o Conselho Assessor é coordenado pelo Cardeal Burke. O Instituto abrigará uma Academia para o *Ocidente Judaico-cristão* que acolherá, em 2020, duzentos alunos oriundos de movimentos nacionalistas europeus. Steve Bannon é o assessor especial que está preparando o currículo e selecionando os futuros alunos (Castells, *Diálogos do Sul*, 19/03/2019).

E é dentro desse mesmo campo de forças que o governo brasileiro pretendeu organizar um seminário sobre a Amazônia em Roma, por ocasião da realização do mesmo; tratava-se de um contra-Sínodo ao Sínodo da Amazônia, que contaria com o apoio do piedoso Matteo Salvini e dos milionários católicos que têm atuado na defesa da Europa cristã. Antes, porém, havia reivindicado oficialmente participar do evento eclesial-episcopal. Se esse propósito mostrou sua inconveniência e saiu da agenda governamental, ele revela, entretanto, um significado de fundo: por um lado, a relevância do religioso para as políticas de direita e, por outro, o medo das críticas às políticas econômicas, sociais e ecológicas atuais por parte das igrejas progressistas. De fato, a aliança do poder governamental atual compõe não somente um governo com forte base religiosa – igrejas evangélicas pentecostais e católicos integristas –, mas com um fundamento religioso que se desloca de uma filosofia política para uma teologia política (Lilla, 2007) e uma real gestão religiosa do projeto governamental, não obstante subsista uma ordem institucional laica.

Milionários, nacionalistas, ultraliberais, fundamentalistas, tradicionalistas, moralistas, ritualistas... Homens do capital e cardeais da Cúria romana. Eis a soma de perfis, projetos e sujeitos que formam, por ora, o *front* contra Francisco e que visam formar uma geração de cabeças benfeitas para preservar a bolha econômica, política, cultural e religiosa do velho Ocidente em crise. Como explica Löwy, na dinâmica das afinidades eletivas weberianas, ocorre precisamente um vínculo entre cosmovisão religiosa e interesses de classe, entre "doutrinas religiosas e formas de *ethos* econômico" (1989, p. 15).

Não obstante o uso ideológico da religião seja flagrante – e sem senso de ridículo perante as mentalidades modernas –, trata-se de uma linguagem política fisiológica e estratégica de homens alinhados a uma frente de direita disposta a enfrentar seus inimigos fantasmagóricos (marxismo cultural, comunismo, islâmicos) e seus inimigos reais: na política, a velha democracia liberal e, na cena mundial, o Papa Francisco, inimigo o mais visível e ameaçador. E, para o bem da verdade, nessa batalha ninguém está enganado ou pode passar-se por inocente. Os projetos e territórios estão bem demarcados. Nesse sentido, os personagens políticos são mais honestos que os cardeais por assumirem suas oposições sem desculpas teológicas; mesmo quando exibem suas devoções, o fazem em nome de um projeto econômico e político declarado; são ridículos por serem ultrapassados politicamente, mas não são dissimulados na medida em que explicitam seus projetos. De fato, a honestidade discursiva dos políticos de direita é desconcertante para os rituais modernos do poder instituído e, sobretudo, para o ordenamento jurídico do Estado laico e da sociedade plural. O fundamento religioso do poder é não somente assumido e expresso com naturalidade pelos políticos, como vai sendo naturalizado social e até juridicamente.

Os discursos teológicos anti-Francisco fazem pensar não somente em ressentimentos por parte de prelados que perderam suas carreiras e foram frustrados em suas pretensões de poder e de clérigos desinstalados da segurança dogmática e burocrática da Igreja autorreferenciada, mas também em uma construção lógica e metodológica que ignora a percepção e a lógica do interlocutor, em nome de uma verdade absoluta e intocável; de uma teologia tão particular como qualquer outra, mas que se apresenta como única, universal e verdadeira, portanto, de uma postura teológica que se identifica imediatamente com a doutrina verdadeira e única. Está em jogo uma luta entre uma teologia da ordem estável e uma teologia que se renova a partir das fontes e a partir da solidariedade com as vítimas da história, sendo que cada uma delas oferece fundamentos para os projetos políticos distintos que visam conservar e transformar a ordem mundial.

O Papa Francisco desestabiliza ao mesmo tempo a ordem católica e teológica assentada no tradicionalismo dogmático e a ordem segura do planeta dominado pelas elites financeiras, ambas defensoras de uma identidade ocidental, agora ameaçada por inimigos perigosos a serem enfrentados. Nesta cena escatológica está em jogo crise *versus* solução, segurança *versus* insegurança, identidade *versus* diferença, autoridade *versus* anarquia, passado *versus* presente, enfim, redenção *versus* condenação. O perigo comum de desestabilização interna da Igreja e do planeta deve ser encarado de frente.

4. As estratégias ideológicas/teológicas

A ideologia pode ser definida como a estratégia pautada na luta de ideias, quando a luta física por alguma razão não é adotada (Konder, 2002). A luta das ideias tem suas estratégias, assim como as lutas corporais e bélicas. Todas têm um ponto comum: localização do inimigo e, em seguida, destruição do mesmo. O Papa Francisco já foi localizado como inimigo do império do capital ocidental logo cedo. Por certo, o colégio de cardeais que o elegeu não tinha a exata medida de seu projeto reformador; teria visto, na figura mística posicionada fora dos desgastados quadros da Cúria romana, um reformador moral e disciplinar da vida interna da Igreja Católica. Mas, desde seus posicionamentos críticos em relação ao regime capitalista, suas afirmações sobre o imperativo da opção pelos pobres e suas posturas de sensibilidade e solidariedade com os excluídos, de modo particular com os refugiados políticos, não deixou dúvidas para os donos do poder econômico de que se tratava de uma figura mundial inoportuna à ordem por eles defendida. A lógica dos muros que fecha as fronteiras dos territórios políticos e econômicos não podia, de fato, suportar a lógica das pontes que rompe as distâncias e pede solidariedade.

O diagnóstico não é delirante: trata-se, de fato, de uma figura antitética à atual ordem econômica planetária; de um símbolo e um discurso que sustentam outra direção para a história nesse momento de crise planetária. Uma vez localizado o inimigo inequívoco e perigoso, como eliminá-lo? A eliminação física parece ser inviável, embora não impossível. Ademais, Francisco reside em uma casa coletiva, o que dificulta qualquer abordagem solitária sobre sua pessoa. A eliminação política por meio de um golpe direto ou indireto não se encaixa na lógica do poder papal. Resta, unicamente, a eliminação por meio das ideias, o que na tradição católica tem seus caminhos conhecidos: a desqualificação das posturas e discursos da pessoa como heterodoxos e heréticos. A construção do discurso ideológico constrói o inimigo, o desqualifica e, por fim, o expurga do grupo (Thompson, 1999, p. 86-87). Esse tem sido um caminho adotado pela ultradireita, empenhada em salvar o Ocidente da crise atual. Na verdade, esta postura constitui uma estratégia clássica da percepção dos regimes totalitários de direita: a divisão do mundo em dois grupos de grandes inimigos que se confrontam e a afirmação como redentora da história e da humanidade (Arendt, 2000, p. 417).

Na parte católica, o papa tem sido permanentemente desqualificado como incompetente em teologia, como heterodoxo e, ultimamente, como herege. Quem pode desqualificá-lo? Obviamente seus pares e, de preferência, cardeais, bispos e teólogos. É dos especialistas religiosos que poderão vir os discursos habilitados a desautorizar e destruir o grande inimigo. A cronologia das acusações contra Francisco já é extensa e conhecida de todos, vai da carta dos quatro cardeais de 2016 à carta dos teólogos de maio de 2018, sem falar das manifestações contra o Sínodo da Amazônia. As acusações do ex-núncio da América do Norte, Carlo Maria Viganò, delatam o mapa ideológico das oposições e das construções dos discursos de oposição. A tese é reiterativa: O papa rompe com a tradição e trai a doutrina da Igreja (Politi, 2014). O subsolo é também comum: sujeitos eclesiais ligados à direta ou indiretamente ao regime do grande capital e, quase sempre, à geopolítica norte-americana, com seus tentáculos diretos na Europa.

A frente da direita atual arma uma cruzada de defesa do Ocidente contra os invasores e contra os perigos de uma crise insuperável do capitalismo mundializado. O resgate de valores do passado, de modo particular de valores religiosos (cristãos e católicos), é um dos recursos do capital político que se acumula nos discursos e práticas dessa frente. E os valores instituídos pelos tempos modernos vão sendo superados; sem escrúpulos, pululam nas bocas e bandeiras afirmações xenofóbicas, homofóbicas, machistas, fascistas etc. A violência, a morte e a negação de direitos fundamentais vão sendo naturalizadas sem controles sociais e sem punições legais. Da parte católica, por certo, há que afirmar a ingenuidade útil de alguns e a maledicência consciente de outros empenhados no grande movimento. Alguns o fazem, por certo, em nome da fé. Porém, todos se encontram posicionados em um campo político conservador, ponto comum que faz confluir prelados e empresários, crentes e descrentes, autênticos e dissimulados. Se não se pode afirmar uma aliança maquiavélica explícita de todos os opositores de Francisco com a nova direita, pode-se observar, entretanto, como já foi dito, uma *afinidade eletiva* entre as duas posições: ambas empenhadas em preservar o poder do Norte da invasão do Sul, do Ocidente da invasão do Oriente, em retomar a identidade fragmentada do Ocidente, em recuperar modelos de família supostamente deteriorados, em retomar uma base moral comum da sociedade e em afirmar o cristianismo como base da vida social, cultural e política do Ocidente. Numa palavra, o mundo estável da tradição católica edificado sobre uma cosmologia antiga (filosófica e religiosa), administrado pelo poder hierarquizado e reproduzido pelas catequeses fundamentalistas, sustenta com autoridade teológica a ordem econômica mundial também estável, dogmática e inquestionável. Essa afinidade vai desenhando enfrentamentos e projetos que avançam em frentes diversas, mesmo quando não configuram grupos comuns e adesões deliberadas e conscientes. O resgate da identidade ocidental cristã perdida entre as sucessivas crises modernas atrai um espectro comum de cosmovisões e práticas tradicionalistas conservadoras. Ao menos enquanto durar a crise econômica global, essa afinidade vai provocar discursos e estratégias comuns e, por certo, políticas comuns. A Cúpula da demografia realizada em Budapeste, em setembro passado, revelou com grande nitidez o avanço mundial do projeto da ultradireita e a busca de alianças e estratégias mundiais em torno de uma agenda de defesa da tradição ocidental. Uma teologia política deu a base dos discursos feitos por líderes políticos e religiosos durante o evento. O pensamento tradicional cristão vem oferendo a base legitimadora para a reconstrução do mundo em crise, a possibilidade de cosmificação do caos, como diria Peter Berger (1985, p. 42-92).

A volta à identidade segura perdida no percurso turbulento dos tempos modernos recolhe sua legitimidade do passado idealizado como bom por si mesmo e redentor por si mesmo. A identidade ocidental definida salvará o mundo da dissolução final. A lógica de reconstrução identitária se expande em círculos concêntricos de soberania que se desenham do mais amplo ao mais localizado: Ocidente que se fecha ao Oriente, Norte que se fecha ao Sul, países ricos que se fecham aos pobres, bairros ricos que se fortificam contra os pobres. A última fortificação é o indivíduo seguro e satisfeito em seus desejos e indiferente a tudo e a todos. A construção de muros físicos e simbólicos traça as políticas nacionalistas e soberanistas. O Papa Francisco tem sido uma ameaça concreta a esse ideário que ganha consensos culturais, formas políticas e, em certos casos, jurisprudência e codificações jurídicas.

***

Quem é contra o papa do Sul? Sujeitos do "Norte", residentes em qualquer parte do globo, que pretendem manter o domínio sobre o conjunto do planeta, em nome do monopólio imperialista do dinheiro que visa gerar dinheiro, e que hoje se organizam em uma nova frente salvadora da crise econômica mundial. Por conseguinte, todos os que se vinculam a essa ideologia por meio das redes sociais, perfilam os contrários ao papa, regularmente chamado de comunista. Essa direita mundializada tem contado com parceiros ideológicos religiosos para enfrentar o inimigo, imune a golpes regulares do expurgo político. Nessa luta concreta não são delirantes. Ao contrário, sabem do poder de fogo de um papa no Ocidente e do poder carismático de Francisco no momento atual. O papa é uma liderança admirada e respeitada que precisa ser desmoralizada como condição fundamental para o avanço de um projeto mundial de salvação do planeta em persistente crise. A cruzada pela salvação do Ocidente termina no religioso, na retomada de valores que deitam suas raízes na tradição cristã ocidental, mesmo que hoje essa tradição careça de qualquer unidade, como no passado pré-moderno. Para tanto, o movimento de resgate de um passado glorioso e perdido se mostra urgente e, por conseguinte, a guerra contra todos os que ousam discordar. O passado é visto como fonte de salvação para o presente e, por isso, é necessário não somente trazer de volta seus valores, visões e práticas, mas também recontá-lo com outra chave de leitura que justifique as estratégias políticas presentes. O papado sempre manteve relações dialéticas constitutivas com as conjunturas históricas que foram formatando o Ocidente. Nos tempos de globalização se inseriu nos processos de reconfiguração política mundial, quando da *perestroika* russa e da queda final do muro de Berlim. Hoje Francisco está no centro da luta pela superação da crise econômica, ecológica e política que persiste no planeta. Duas frentes, duas éticas, duas tradições e dois deuses.

AVALIAÇÕES CRÍTICAS

Ao mesmo tempo, as enormes e rápidas mudanças culturais exigem que prestemos constante atenção ao tentar exprimir as verdades de sempre numa linguagem que permita reconhecer a sua permanente novidade (...). Por vezes, mesmo ouvindo uma linguagem totalmente ortodoxa, aquilo que os fiéis recebem, devido à linguagem que eles mesmos utilizam e compreendem, é algo que não corresponde ao verdadeiro Evangelho de Jesus Cristo. Com a santa intenção de lhes comunicar a verdade sobre Deus e o ser humano, nalgumas ocasiões, damos-lhes um falso deus ou um ideal humano que não é verdadeiramente cristão. Deste modo, somos fiéis a uma formulação, mas não transmitimos a substância. Este é o risco mais grave. Lembremo-nos de que "a expressão da verdade pode ser multiforme. E a renovação das formas de expressão torna-se necessária para transmitir ao homem de hoje a mensagem evangélica no seu significado imutável" (Francisco, *Evangelii Gaudium*, 41).

***

A legitimação religiosa pretende relacionar a realidade humanamente definida com a realidade última, universal e sagrada. As construções da atividade humana, intrinsecamente precárias e contraditórias, recebem, assim, a aparência de definitiva segurança e permanência (Peter Berger).

CAPÍTULO VII

Limites do tradicionalismo

O tradicionalismo católico atravessou o século XX com seus ideários, projetos, grupos e tendências. Assumiu configurações que se adaptaram aos contextos históricos como ofertas de solução para as crises que se abatiam às épocas, resultadas de fracassos modernos. O tradicionalismo se firmou a partir de três dinâmicas de conservação: uma primeira de caráter dogmático, a convicção sobre as causas e as soluções religiosas para as crises; uma segunda pragmática, a adaptação ao regime capitalista; e uma terceira estratégica, a afinidade aos regimes autoritários. A conservação da hermenêutica religiosa esbarrou com o dado científico, sendo que as ciências se tornavam sempre mais hegemônicas em seus resultados e métodos. A adaptação política abriu mão, ao menos de imediato, dos regimes monárquicos pré-modernos, assumindo as versões autoritárias de governo como coerentes com o projeto de preservação de uma ordem cristã, batizando-a como legítima, em nome do Deus todo-poderoso.

A história dos tradicionalismos é marcada por crises e fracassos em seus projetos e configurações, embora se apresentem sempre como verdade estável e solução coerente e segura. A autoimagem idealizada de um projeto estável e sem crises não corresponde, evidentemente, ao que se pode verificar no processo histórico real. Na verdade, a própria variedade de grupos e movimentos de cunho tradicionalista revela as crises reais que vivenciaram, na medida em que se apresentavam como verdade que buscava os meios de se tornar hegemônica dentro e fora da Igreja. De um modo geral, representam o esforço de uma percepção e proposta pré-modernas, em confronto com as forças modernas que se instituíam nas mais variadas frentes. O fato evidente de sobreviverem como tendências distintas que buscaram – e buscam – hegemonia no corpo eclesial revela, por si mesmo, os limites do projeto que persiste de modo resistente, enquanto a Igreja permanece no esforço de acolher a modernidade em muitos de seus aspectos. Como espécie de "utopia do passado", reivindicam a posição de ortodoxia e de catolicismo autêntico, sob o marco epistemológico, teológico e político de Trento e do Vaticano I.

As expressões do tradicionalismo são ofertas de resistência à modernização do catolicismo e, por conseguinte, à descatolicização da sociedade. Se se mostram como postura resistente que persiste, apesar da hegemonia moderna que inclui em seus processos a tradição cristã-católica, revelam igualmente a fragilidade e a contradição como adaptação que se fragmenta, na medida em que interpretam suas próprias fontes, como enfrentamento constante do catolicismo oficial e, ainda, como assimilação inevitável de valores práticos oferecidos pela modernidade. Na referência segura da doutrina católica, os tradicionalistas exibem suas resistências e seus fôlegos históricos, num eterno retorno da solução antimoderna dos problemas contemporâneos. Nesse ponto residem suas virtualidades e seus fracassos; uma espécie de planta condenada a não se desenvolver por ser inadequada ao chão em que foi plantada.

1. Potencialidades de ontem e de hoje

Os tradicionalismos persistem com suas propostas de interpretação da tradição católica e, por conseguinte, com suas interpretações da história e de ofertas de soluções para as crises modernas que, segundo afirmam, assolam a vida social e a vida de fé dos católicos. As três linhagens anteriormente descritas expuseram as diferentes configurações e estratégias dos movimentos, no passado e no presente. Quais virtualidades têm garantido o longo fôlego às expressões tradicionalistas hoje presentes e atuantes nas redes sociais? Qual a força e a eficácia dos conteúdos por eles oferecidos em um mundo que se tornou cada vez mais plural? Como justificar a oferta de conservação na sociedade em mudança e que impôs suas transformações radicais no passado e no presente? Como conciliar vida individualizada e práticas de consumo hedonistas com uma doutrina objetiva estável que exige obediência à autoridade?

As potencialidades do tradicionalismo podem ser vistas nos aspectos *ad intra* e *ad extra* à Igreja Católica, embora os dois aspectos interajam. Isso quer dizer que os tradicionalismos não nascem por geração espontânea, mas buscam suas razões de ser em matrizes teóricas e práticas dentro e fora da Igreja. A tradição católica contém, de fato, uma variedade de doutrinas e de normas que permitem seleções diversas no decorrer do tempo. Não foi diferente a separação entre catolicismo do Oriente e do Ocidente e com o que ocorreu com as reformas protestantes. Por outro lado, os contextos históricos oferecem igualmente matéria-prima cultural e política para os movimentos que persistem ou emergem na história.

a) O chão católico do tradicionalismo

O catolicismo preserva a possibilidade hermenêutica do tradicionalismo de dentro de sua tradição construída e fixada na longa temporalidade histórica. Nesse sentido, trata-se de um tipo de catolicismo que persiste com determinadas referências adotadas como padrão único, verdadeiro e bom de pensamento e práxis católicos. Alguns aspectos desse solo católico podem ser mencionados:

– Os cânones dos Concílios de Trento e do Vaticano I, anteriormente referidos, fornecem conteúdos doutrinais legítimos para os grupos e tendências.

– O eclesiocentrismo católico que resiste às renovações conciliares e às teologias da história oferece uma visão e uma práxis de Igreja, mesmo que na forma residual.

– A estrutura eclesial/eclesiástica católica preserva esquemas organizacionais centralizados, hierárquicos, clericalistas e machistas que amparam de modo prático e espontâneo as posturas tradicionalistas.

– A dogmática católica e o imaginário devocional oferecem elementos simbólicos que sustentam muitas das posturas básicas do movimento, reproduzindo o dualismo entre sobrenatural e natural.

– O sistema escolástico oferece o repertório vocabular, teórico e metodológico para as elaborações de cunho filosófico ou teológico dos discursos tradicionalistas, como gramática perene do pensamento católico.

– Uma moral objetivista, radicada na lei natural e centrada na norma, é aderida na literalidade e na *dura lex* como regra de vida.

– Um ritual litúrgico reproduzido por séculos, segundo as rubricas de São Pio V, subsistiu e avançou sobre a reforma litúrgica do Vaticano II como fórmula legítima de celebrar.

– Uma estética pré-moderna expressa na arquitetura, nas artes, nos vestuários e na música oferece um aparato completo de signos que permitem a veiculação dos ideais e a reprodução das práticas tradicionalistas, sem maiores esforços de criação de linguagens adaptadas ao mundo moderno.

Para os tradicionalistas, essas referências são as fontes do autêntico catolicismo e devem ser preservadas para sempre; constituem, portanto, sinônimo de catolicismo em oposição às interpretações equivocadas, ainda que essas interpretações sejam instituídas pelo Vaticano II e ensinadas pelos papas.

b) As crises modernas

A modernidade significou um processo de transformação que foi revelando no decorrer do tempo suas possibilidades e seus limites como ideais e como práticas. Nessas rachaduras, os tradicionalismos encontraram o espaço para persistir com suas ofertas. Portanto, não se trata de uma oferta de passado sem vínculo com o presente, mas de uma proposta de solução, basicamente a solução cristã para a restauração da ordem em crise. Na contemporaneidade há que ressaltar duas crises de grande alcance e profundidade: a crise das utopias socialistas, que tem seu marco na queda do muro de Berlin, em 1989, e a atual crise das democracias formais. Trata-se, portanto, de uma crise do futuro e de uma crise do presente. A primeira esvazia a utopia do futuro igualitário como saída possível desenhada pelos regimes socialistas. A segunda, em plena ebulição, coloca em cheque a própria democracia como princípio e regra, até bem pouco inquestionáveis, de gestão da vida política ocidental.

Os tradicionalismos se apresentam hoje como teologia da conservação que dá fundamentos para a proposição de um catolicismo distinto daqueles que apostaram em utopias sociais, em afinidade direta ou indireta com os ideais e modelos socialistas, e daqueles que insistiram nas reformas conciliares por meio de movimentos e de uma cultura eclesial que se consolidou nas rotinas pastorais desde o final do Vaticano II. Hoje se torna cada vez mais visível o apoio tradicionalista às direitas emergentes que se eleva nas rachaduras da democracia liberal. Para Manuel Castells, essa é a mãe de todas as crises, sendo que a democracia foi construída como superação das guerras e da violência (2018, p. 10). O sociólogo sugere que a volta às velhas seguranças constitui estratégia de enfrentamento do caos, voltando ao início: ao Estado forte que enfrente o domínio do econômico, à nação como comunidade cultural, à família patriarcal, e voltar a Deus como fundamento (2018, p. 38). Nessas dinâmicas de retorno, as posturas religiosas tradicionalistas avançam como fundamento geral que fornece a última palavra sobre a verdade, a segurança e a ordem.

c) A cultura estética

A cultura atual centra-se no bem-estar individual (Lipovetsky, 2007). A busca incessante de satisfação dos desejos, por meio da posse de objetos materiais e simbólicos, dinamiza o mercado de consumo dos produtos renováveis com suas promessas de satisfação plena. Dessa lógica não escapam os valores religiosos. Ao contrário, revestem-se cada vez mais de um aspecto de promessa de felicidade, experimentada nas sensações de bem-estar. O produto e a marca mais bem oferecidos, com a aparência mais sedutora, ganham o consumidor; é quando a lógica do espetáculo se impõe como padrão desejado e como estratégia de venda. Os tradicionalismos atuais participam dessa cultura com suas estéticas do passado, seja na linguagem cultual, seja nas estéticas dos vestuários e dos símbolos. Os rituais em latim, língua inacessível às gerações atuais, e os cultos à Eucaristia e certas devoções marianas, incluindo aquelas de construções recentes, reproduzem uma experiência estética (extática) que envolve os fiéis individualizados na linguagem bela, que, por si mesma, dispensa o acesso racional ao conteúdo que visa comunicar. Na dinâmica cultural em que o emocional é a tônica principal e a aparência imediata se torna sinônimo de real, os espetáculos religiosos, com suas linguagens sensacionais, bastam para a experiência religiosa ávida de saciedade, postura anterior a toda decodificação racional. Na cultura estética em que o parecer é ser, as linguagens espetaculares falam por si mesmas e comunicam por si mesmas o que os fiéis buscam, aquém de todas as exigências racionais de um sistema de doutrina completo e coerente. O tradicionalismo oferece mais um significado de fé em meio às muitas ofertas em concorrência, oferece verdades que se apresentam como autenticamente católicas e ganham espaço entre as buscas religiosas. Trata-se de mais uma verdade que luta por hegemonia em meio às muitas verdades que são produzidas e reproduzidas pela imensidão sem limites das redes sociais e oferecidas como mais um produto de consumo que visa fazer com que "os consumidores vivam experiências afetivas, imaginárias e sensoriais" (Lipovetsky, 2007 p. 45).

2. As crises tradicionalistas

É necessário recordar que os tradicionalismos persistem com ofertas do passado que mostram seus limites como ideais e como projetos, na medida em que buscam os meios de se impor como catolicismo autêntico. Não somente o confronto permanente com a cultura presente, mas também o confronto entre as tendências e dentro dos próprios grupos revelam os limites das propostas e projetos tradicionalistas. Os regimes de verdade absoluta se desgastam inevitavelmente no confronto com as mudanças históricas. Esses desgastes provocam divisões internas, como demonstra a história das grandes tradições religiosas. E, quando dois donos da verdade se debatem, a divisão, o cisma e até mesmo a guerra costumam emergir como estratégia. Os desdobramentos parecem não conhecer um ponto final: caso dos cristianismos no Oriente e no Ocidente, dos islamismos sunita e xiita, e da TFP no Brasil. Mas, no caso do catolicismo, a tensão entre a legitimidade tradicional exercida pela Igreja e os grupos e tendências tradicionalistas atuantes no seu interno ou no seu entorno tem sido recorrente. Vale recordar:

1ª) O tradicionalismo francês *versus* papas: a corrente de pensamento francesa foi condenada pelos Papas Gregório XVI e Pio IX por afirmar a revelação como a única fonte segura de acesso à verdade.

2ª) O tradicionalismo católico instituído no Vaticano I: a reação de um grupo de padres conciliares e de católicos à declaração da infalibilidade papal originou uma Igreja que se denominou Igreja veterocatólica.

3ª) O tradicionalismo estruturado no interior do processo conciliar foi condenado pelos papas pós-conciliares por negar o Vaticano II e o próprio papa como hereges que teriam rompido com a autêntica tradição católica.

4ª) O tradicionalismo que se instalou no comando da Igreja Católica desde o final do Concílio, conheceu seu auge e seu desgaste final no pontificado de Bento XVI. A renúncia desse papa e a eleição do Papa Francisco instauraram um processo de renovação eclesial que colocou a tendência tradicionalista em um campo de ilegitimidade, ficando associado aos escândalos de pedofilia, à corrupção e ao autoritarismo.

Essas cisões revelam, de fato, o germe sectário e divisionista do tradicionalismo, dinâmica inerente às doutrinas radicais que se consideram verdade absoluta em oposição às diferenças. Nas formas mais radicais ou atenuadas, os tradicionalismos congregam sempre endogenias grupais ou sistemas de verdade que se definem em oposição aos outros e produzem como resultado de certa forma natural processos sociopolíticos de autonomização e fragmentações de unidades institucionais. O percurso regular de construção de identidades se mostra nessas cisões inevitáveis: a afirmação da resistência (oposição aos valores dominantes) torna-se projeto (agrega sujeitos e oferece soluções estratégicas aos problemas) e se institucionaliza (como grupos autônomo e como rejeição às diferenças). A cada passo do processo, os movimentos avançam negociando e firmando-se em seus propósitos entre seus membros e com as condições históricas de viabilidade. Weber indicaria nesse percurso a inevitável rotinização do carisma (1997, p. 197-201), donde advêm as divergências e as cisões do próprio grupo. A estratégia de buscar os meios institucionais de legitimação divide o grupo entre os carismáticos originais que defenderão sempre os ideais fundantes (carisma *in statu nascendi*) e os racionalizadores estratégicos que buscam os meios de institucionalizar o carisma.

3. Limites do tradicionalismo

Os tradicionalismos carregam limites e contradições que não somente indicam suas historicidades, mas a identidade conservadora que lhes funda. A afirmação de uma essência estável herdada e transmitida do passado é implacavelmente submetida ao teste da realidade presente. Nesse sentido, a luta com a era ou a "civilização moderna" é, senão quixotesca, uma batalha sem fim, na medida em que nega a adoção da perspectiva histórica e persiste num projeto de volta ao passado. A história sem volta condena ao delírio todo esforço de retroceder; a civilização pré-moderna, total ou residual, não tem chances de se vingar, sob nenhum aspecto, depois de todas as revoluções modernas que, não obstante suas contradições, instauraram novas fases na história da humanidade. Toda revisão do passado só cederá lugar para configurações novas que forem capazes de recolher as positividades dos avanços históricos, em nome de um parâmetro fundamental a ser preservado e buscado sempre de novo. Mesmo que se apele para um tradicionalismo eclesial paralelo à história geral, preservação simbólica de um passado na forma de normas e linguagens endógenas, essa configuração se debaterá com o mundo real e com as condições reais da vida presente. Alguns limites podem ser observados no projeto tradicionalista de ontem e de hoje.

a) Limites históricos

Limite mais imediato que expõe a própria coerência dos tradicionalismos, na medida em que ensina que: a) a história é um processo de transformação permanente e sem retornos reais e simbólicos ao passado; b) que a consciência desse processo (historicidade) não pode ser negada, sob pena de fixar-se em uma concepção essencialista que ignora os fatos e as etapas temporais; c) que a percepção da historicidade expõe a distinção entre passado, presente e futuro e, por conseguinte, a impossibilidade de afirmar a imutabilidade como regra; d) que a memória do passado preservada sob qualquer linguagem, imagem ou instituição é sempre uma construção presente do passado, segundo as motivações e interesses do presente; e) que a tradição constitutiva dos processos identitários é sempre o esforço de transmitir os valores do passado às gerações presentes, por meio de uma circularidade inevitável de preservação na renovação; f) que as religiões exercem um papel de legitimação da realidade presente, na medida em que propõem um fundamento estável e eterno em nome de uma fonte sobrenatural.

A consciência histórica é um legado moderno que tem suas origens mais arcaicas na tradição judaico-cristã; a percepção de que o tempo avança do passado para o futuro, nega qualquer afirmação de "história estável e concluída" que bloqueie o processo de abertura para o futuro: sempre incerto, sempre diverso e com resultados sempre inéditos. A história se faz na dinâmica do provisório, jamais do definitivo, se faz na insegurança do presente possível, jamais na ordem do necessário (Comblin, 1969).

b) Limites epistemológicos

O conceito tradicionalista de verdade, núcleo de suas representações e práticas, apresenta um limite básico nos seguintes aspectos: a) a noção de verdade fixa e imutável (verdade absoluta) esconde a relatividade histórica que produz todas as formulações epistemológicas e exige, portanto, a contextualização de todas as formulações no tempo e no espaço e a busca renovada de seus significados fundamentais, única saída para evitar os anacronismos e os fundamentalismos; b) o pressuposto de uma objetividade conceitual que identifica formulação com a realidade – a ciência como o real – ignora as críticas epistemológicas modernas que ensinam as noções de ruptura epistemológica como constitutivas dos conceitos científicos (Bachelard), de paradigmas, constructos ou modelos que se renovam e sucedem um ao outro no decorrer do tempo (Kuhn), de falsificabilidade dos modelos científicos (Popper) ou de complexidade que exige o diálogo interdisciplinar (Morin); c) a visão de objetividade e estabilidade da verdade instaura uma esquizofrenia inevitável, entre uma verdade abstrata e um modo estruturado em sua totalidade pelas tecnociências que avançam em qualidade e quantidade, e formata cada dia mais a realidade humana sob todos os aspectos. Essas contradições exigem de todos os regimes de verdade uma consciência de suas limitações históricas, epistemológicas/metodológicas e uma busca permanente de diálogo entre o antigo e o novo, entre os saberes de diversas naturezas e entre a realidade e as teorias.

c) Limites ético-antropológicos

Um conceito de verdade unívoca e universal de raízes transcendentes pode desconsiderar as diversidades epistemológicas, culturais e religiosas. A diversidade choca-se com essa objetividade como erro e perigo a ser negado e desbancado com as armas disponíveis dos possuidores da verdade autêntica. Essas armas podem ser conceituais (luta por consenso) ou políticas (imposição por coerção). Reproduz-se a histórica luta entre a identidade (verdadeira) e as identidades (sempre falsas) e os discursos e posturas de intolerância que impedem de enxergar e dialogar com as alteridades. As dominações colonialistas e as guerras religiosas se instauraram sobre este pressuposto de exclusividade da verdade. O desfecho inevitável dos tradicionalismos é a negação das alteridades e o choque com as diferenças. Não por acaso, os princípios modernos da autonomia e da igualdade foram sempre alvos das críticas tradicionalistas, como equívocos a serem enfrentados pela verdade única e estável formulada no sistema da velha escolástica, legitimado por textos do magistério eclesial e divulgado pelo catolicismo. A afirmação de direitos humanos, de direito às diferenças e de liberdade religiosa foi sempre negada ou ignorada por grupos tradicionalistas, precisamente por exigir revisões de um conceito de verdade universal e absoluta. Sem uma ética da igualdade radical da espécie, a lei do mais forte – sempre portador de uma verdade universal – triunfará com suas armas materiais ou simbólicas disponíveis.

d) Limites políticos

Toda fixação em uma ideia unívoca evocada como verdade única esconde razões e complexidades. É quando uma verdade se torna ideologia: o complexo se torna simples, as diferenças são negadas como ilegítimas, o discurso se mostra como perfeito, as contradições são ocultadas. O tradicionalismo é uma ideologia que oculta o presente: as motivações presentes e as contradições presentes que estão latentes em seus discursos e propostas. Concretamente, os tradicionalistas evitam e escondem as contradições econômicas que geram as divisões e as contradições sociais, os enriquecimentos, as dominações e as guerras. A crítica aos modernismos assume sempre um tom cultural, político ou religioso abstraído de outras contradições que coloquem em risco os privilégios de classes sociais. A preservação do passado é sempre a preservação de privilégios do presente e de modelos políticos do presente. Não raro, os tradicionalismos justificaram, em nome da fé que defendem, regimes ditatoriais com suas tiranias mais cruéis. Essa postura escreve a história das ditaduras ocidentais de ontem e de hoje, na Europa e na América Latina.

e) Limites teológicos

A primeira crítica teológica pode ser expressa numa espécie de "idolatria do passado", ou, concretamente, em modelos culturais do passado preservados, verdade perene que julga a tudo e a todos. Como exige todo ídolo, o sacrifício de pessoas diferentes e de evidências históricas é praticado em nome da verdade e até mesmo de Deus. As torturas e as mortes foram justificadas como legítimas por líderes tradicionalistas, alguns chegando a negar massacres históricos, como o dos índios da América no período de colonização ou do holocausto judaico.

Os limites teológicos tradicionalistas carregam uma concepção exclusivista de revelação que desemboca na teologia pré-conciliar que afirma ser a Igreja Católica exclusiva detentora da salvação (*extra ecclesiam nulla salus*). A identificação entre catolicismo-Igreja-salvação, em oposição às demais religiões e à história decadente, nega o desígnio salvífico de Deus que opera para além da Igreja na dinâmica da história, nas verdades presentes nas tradições religiosas, nas culturas e nas ciências. Esse legado conciliar é esquecido e negado pelas correntes tradicionalistas. Não por acaso, os ensinamentos conciliares são frontalmente negados por alguns grupos, ignorados por outros ou relidos seletivamente por muitos deles. O tempo presente não comporta os sinais dos tempos, como ensina a *Gaudium et Spes* (4, 11 e 44).

A tradição cristã-católica é a transmissão da verdade formulada pelo magistério eclesial, pelos padres da Igreja e pelo próprio povo de Deus como fio condutor feito de sucessivos elos elaborados a cada geração, os quais visam comunicar a experiência fundante da fé: a salvação oferecida pelo Cristo vivo na história. Trata-se da comunicação de um mistério que só pode ser acolhido pela fé. A tradição situa-se entre o querigma fundante da fé e o tempo presente; é sempre o tempo do meio em construção permanente; é arcabouço que porta o mistério e o transmite a cada geração, e não o mistério em si mesmo. O tradicionalismo fixa-se no tempo do meio e transforma a tradição em *querigma*, o carisma em modelo doutrinal ou institucional, a substância da fé em formulação.

***

Os limites do tradicionalismo advêm de seu próprio propósito e projeto que afirmam a veracidade de um modelo histórico a ser adotado, modelo paradoxalmente compreendido como perene e, portanto, como supra-histórico. Essa visão de fundo essencialista tem raízes bem fincadas na tradição platônica assimilada pelo cristianismo, ou seja, na ideia eterna: por si mesma anterior, superior e posterior às contingências históricas. A história, por sua vez intrinsecamente precária, há que buscar nas ideias a sua razão, sentido e direção. Uma vez cristianizadas, as ideias têm nomes próprios e itinerários salvíficos estabelecidos pela revelação de Deus realizada em Jesus Cristo e hoje dispensada pela Igreja Católica.

Esse pressuposto filosófico-teológico fornece a matéria de uma filosofia da história que isola e coagula a verdade e a salvação em um modelo único de teologia-Igreja-sociedade, construído na longa temporalidade da cristandade medieval e canonizado em formas dogmáticas e jurídicas nos Concílios de Trento e Vaticano I. Esse modelo concluído de filosofia, de teologia e de Igreja só pode ser reproduzido, jamais refeito, sob pena de pecar contra a própria revelação de Deus.

CAPÍTULO VIII

Discernimentos

Até aqui o tradicionalismo foi exposto do ponto de vista de suas construções históricas e sociais, de suas percepções e práticas, de suas funções sociais e políticas, e de seus limites. Trata-se de um movimento estruturado em grupos institucionalizados, em tendências inseridas dentro da Igreja Católica e em novas formas de presença nas redes sociais. No confronto difícil e complexo da tradição católica com os tempos modernos, o tradicionalismo foi a primeira, a mais ampla e a mais segura resposta elaborada por grupos de pensadores católicos, por papas e teólogos, a partir do século XIX, chegando de modo expressivo até o Vaticano II. A história da Igreja Católica, entre os dois Concílios Vaticanos, foi precisamente a história de uma dialética entre o novo e o velho, entre as afirmações tradicionalistas e reformadoras do cristianismo e do catolicismo.

Essa história revela, sem dúvidas, uma crescente acolhida dos tempos modernos pelo catolicismo, enquanto o tradicionalismo vai tornando-se cada vez mais residual e isolado, ao menos da parte dos grupos mais radicais que, no epicentro do Vaticano II, firmaram-se como identidade própria e autônoma da Igreja

Católica. No período anterior ao último Concílio, o catolicismo foi discernindo os valores dos tempos modernos: o laicato organizado avançou para dentro da vida moderna – da práxis e do pensamento – e marcou posição como sujeito participante dos processos modernizadores; pensadores, filósofos e teólogos assumiram a história presente não somente como objeto de estudo – a questão das liberdades, da laicidade, da democracia, dos direitos etc. –, mas também com os métodos oferecidos pelas ciências modernas, postura negada e até mesmo condenada no século anterior; papas foram lentamente recolhendo os resultados dessas inserções de leigos e pensadores e oferecendo novas orientações que permitiam posicionar a Igreja em posturas mais amistosas e dialogais com o mundo moderno, portando, legitimando posturas menos tradicionalistas.

O século XX foi, portanto, em boa medida, o tempo do discernimento lento e gradual dos tempos modernos por parte da Igreja Católica. Passo a passo a modernidade foi passando de inimiga para vizinha inevitável da Igreja, de vizinha inevitável para parceira estratégica, de parceira estratégica para parceira efetiva. Em outras palavras, de um modo geral e fundamental, a Igreja Católica abandou o tradicionalismo como princípio e regra de suas percepções e ações no mundo moderno.

No entanto, como foi explicitado, o tradicionalismo não desapareceu; ao contrário, ressurgiu de variadas formas desde o Vaticano II, assumindo lugares estratégicos na gestão do catolicismo. A história mostra, portanto, que se trata de uma dialética que não alcançou a fase de síntese; as oposições entre tradição cristã e tradições modernas permanecem e conhecem diferentes modos de recrudescimentos nos dias de hoje. O discernimento permanece necessário e até mesmo urgente nos tempos da pós-verdade.

Nesse momento final, uma palavra de discernimento do tradicionalismo se faz, portanto, necessária. Antes de tudo, vale observar que, na sociedade plural e democrática, a tolerância garante o direito de expressão a todos os grupos e tendências. Os tradicionalistas compõem, nesse sentido, mais um dos grupos e tendências que formam a sociedade atual, bem como a própria Igreja. No entanto, inscrevem-se como outros grupos na regra geral do jogo: a da tolerância entre todos. Nenhum grupo intolerante tem lugar legítimo na sociedade plural e dos direitos iguais. Os discernimentos que serão feitos nos pontos a seguir situam-se nas perspectivas hermenêuticas histórica, social e teológica. No fundo de todas elas, existe uma leitura da história que afirma valorativamente o dinamismo real do tempo que passa, a consciência necessária desse dinamismo e a necessidade de considerar o presente como realidade a ser encarada como tempo da salvação e como ação livre e responsável dos sujeitos políticos e eclesiais.

1. A ilusão da permanência do passado

Toda identidade é sempre uma construção feita no presente, como tudo que é humano. É precisamente com o objetivo de responder a desafios presentes, por meio de determinadas estratégias, que todo grupo social organizado se constrói, ao mesmo tempo que constrói suas metas. As identidades sociais são sempre respostas ao que o grupo considera ser urgência em uma determinada conjuntura. Isso significa o óbvio que vale ser frisado: todo grupo social – político, cultural ou religioso – nasce, expande-se e consolida-se situado no hoje da história, mesmo que se entenda e se defina como fora do mundo ou fora do presente; é no único lugar real possível do hoje da história que as identidades se estruturam e exercem inevitavelmente alguma função: de preservação ou de transformação.

Portanto, é essa imponderabilidade do presente que constitui o lugar e a fonte primeira das construções identitárias; é o lugar de onde retiram as razões, as motivações e as metas de suas configurações particulares, embora isso nem sempre seja verbalizado de modo direto ou, em muitos casos, até mesmo negado. Isso significa que a matéria-prima de toda construção grupal ou ideológica pode advir simbolicamente de "fora do tempo presente", ou seja, do passado ou do futuro, embora essas temporalidades não existam de fato: o passado é o tempo que já foi e o futuro o que ainda não chegou. Mas essas estratégias de retirar-se do presente para buscar sentido para ele, sobretudo quando está tomado por alguma crise, fazem parte da história humana. Os tradicionalistas e conservadores buscam matéria-prima – valores, ideais, padrões, estratégias e estéticas – para se construírem no passado. Os revolucionários, os messiânicos e os milenaristas buscam no futuro: no ideal verdadeiro e bom que ainda não existe. Passado e presente oferecem, nos dois casos, valores projetados no presente como solução eficaz para os problemas.

As matérias-primas retiradas do passado visam ou resgatar o tempo bom perdido ou preservá-lo quando ainda resta dele algum resíduo no presente. Seja como for, trata-se de afirmar o passado como superior ao presente; superioridade moral, religiosa, política, estética etc. O resgate e preservação do passado exigem não somente operações de natureza teórica – defesa apologética e sistematização de conceitos e valores –, mas também de natureza imagética, com a reconstrução de modelos concretos de vida social, política, cultural e religiosa. De uma época que não existe mais, só resta, de fato, o poder da imaginação que recria modelos. Essa é razão pela qual os grupos e tendências tradicionalistas se mostrem com tanta nitidez estética nos modos de rezar, de vestir, de organizar as arquiteturas.

Os tradicionalistas se alimentam de uma espécie de "ilusão da permanência" de modelos do passado, como se suas identidades se posicionassem numa linha interrupta que advém do passado, se consolidassem no presente e avançassem para o futuro. Sempre contínua e imutável, essa linha é portadora da verdade e da bondade revelada e concretizada em um modelo superior a todos os demais e disponível, a ser reproduzido sobre o princípio do "sempre foi assim". Carece à perspectiva tradicionalista consciência de que, como todo grupo identitário, participa da dinâmica inevitável da "história que passa" e da imponderabilidade do tempo presente, quando e onde não existe reprodução intacta do passado, mas tão somente produção do presente a partir do passado ou, com mais precisão, produção do passado a partir do presente. O mito de um passado sempre preservado não se sustenta histórica e socialmente.

O historiador Eric Hobsbawm explica a lógica da construção das tradições como construção do presente que se apresenta como passado (cf. Hobsbawm, 2002, p. 9-23). O passado, delimitado como segurança, unidade e valor, vai sendo transmitido no presente de forma sempre "eficiente", como capaz de dar rumo ao grupo humano. A tradição se faz sempre como "passado atual" e como "passado indispensável" para a compreensão e condução do presente. Isso significa afirmar duas dinâmicas importantes: a) que a tradição se renova em cada contexto, embora afirme estar repetindo o passado; b) que a tradição incorpora o presente ao passado, como um elemento que está sintonizado àquele passado. A primeira dinâmica ensina que as tradições são inventadas, como explica Hobsbawm. Os contextos exigem uma legitimação advinda do passado para os novos costumes ou regras que são incorporados pelo grupo. O presente é, então, construído como passado. "Inventam-se novas tradições quando ocorrem transformações suficientemente amplas e rápidas..." (2002, p. 12). A segunda dinâmica indica a pretensão normativa do passado como referência para a vida presente.

Os tradicionalistas são estrategistas do presente; constroem suas representações e práticas do passado a partir do presente e, no fundo, constroem o próprio passado de que afirmam ser preservadores. A ilusão de um modelo de vida verdadeiro – de sociedade, de política, de cultura e de religião – que encarna o definitivo fundamenta o tradicionalismo e demarca suas rejeições ao tempo presente, frágil e perigoso. Uma segunda ilusão sustenta ainda a seguinte postura: a de que são meros repetidores e não construtores do que julgam advir concluído do passado como padrão sagrado e norma perene para todos os tempos.

2. O carisma cristão e a história que passa

O cristianismo tem uma relação peculiar com a história que o distingue de outras visões e práticas religiosas. Na lógica dos mitos, como explica Mircea Eliade, ocorre, por meio do rito, uma volta incessante a uma temporalidade contínua que rompe com o presente e permite atualizar o tempo das origens (*in illo tempore*). Dessa temporalidade primordial, emanam sentido, bondade e solução para a precariedade do presente fugaz. As práticas religiosas arcaicas se estruturam e funcionam a partir dessa lógica de ruptura com as distinções temporais de passado, presente e futuro e de instauração do eterno (Eliade, 1999, p. 63-64). O rito possibilita a ruptura com a relatividade da história presente conduzindo para fora do tempo que passa, para fora da história.

A fé na encarnação do Verbo eterno instaura uma percepção distinta da temporalidade e da relatividade histórica no âmbito das tradições religiosas. O Verbo encarnado instaura o movimento inverso, do eterno que entra para o tempo e abraça o provisório e o presente. A fé em Jesus Cristo já não pode significar ruptura com o tempo presente na direção de um tempo eterno, mas uma percepção da verdade dentro das condições históricas, quando verdade-amor tornam-se duas dimensões da mesma fé que acolhe Deus na história, presente no próximo. A fé cristã não constitui, portanto, uma abertura do eterno para além do tempo presente, mas, precisamente o contrário, uma abertura para o presente, onde se faz presente na carne do próximo o próprio Ressuscitado e onde sopra o seu Espírito que anima a vida, ilumina as mentes e aquece os corações. O cristianismo é um caminho pelo provisório e não uma fuga para o definitivo. O tempo da fé cristã é a história que passa incessantemente e que convida para a esperança permanente e exige o amor dos seguidores de Jesus Cristo. Por essa razão, as tendências gnósticas foram rejeitadas como interpretação equivocada do mistério cristão, uma vez que propugnavam o caminho da salvação como saída do mundo na direção de uma ideia transcendente.

a) O carisma se institucionaliza

O cristianismo nasceu de um movimento profético-carismático e deu seus primeiros passos como a concretização de um dom salvífico que adquiriu novo significado com a experiência do Cristo ressuscitado. O movimento de Jesus de Nazaré, de cunho profético, acontece dentro da grande tradição judaica, porém, à margem da religião oficial instituída no templo e, em certa medida, na sinagoga. Jesus é um profeta popular que anuncia a Boa Notícia do Reino de Deus junto dos pobres e para os pobres, Reino do Deus Pai de todos e misericordioso, Reino que é histórico, mas que se relaciona diretamente a Deus e a sua transcendência, que é invisível, mas cresce, é imediato, mas não concluído.

O movimento de Jesus foi levado adiante primeiramente dentro da instituição judaica. O grupo de Jerusalém se sentia ligado ao templo, embora distante da casta sacerdotal. Os seguidores das cidades gregas estavam inicialmente ligados às sinagogas e dentro delas afirmavam o messianismo de Jesus. Contudo, foi aos poucos se desligando dessa instituição e buscando seus modos próprios de organização. O cristianismo se entendia como os portadores do carisma do Ressuscitado, como a comunidade construída por seu Espírito e identificada com a proposta de Jesus, o Cristo. A primeira tensão entre carisma e instituição se deu em relação ao judaísmo: às leis tradicionais judaicas (praticar ou não?) e também em relação às estruturas da sinagoga (como se organizar?). Em nome do carisma do Ressuscitado e na força de seu Espírito, as comunidades se organizaram de modo novo. Entendiam que já não havia distinção de raça, classe e sexo (cf. Gl 3,28), que o Espírito doava diferentes dons para a organização da comunidade (cf. 1Cor 12; 14) e que a lei do amor era a regra fundamental (cf. 1Cor 13; 1 Jo 2).

O cristianismo se consolidou como experiência presente que acolheu e leu o passado judaico com suas tradições fortemente fixadas. As primeiras comunidades foram estruturadas minimamente em torno do dom da salvação de Jesus presente na vida da comunidade, como modo de vida social, político e cultural alternativo àquele das cidades greco-romanas: socialmente divididas entre escravos e livres, e culturalmente influenciadas pelo pensamento grego. Embora dialogue inevitavelmente com seu entorno, o cristianismo foi construindo sua identidade como uma novidade radical que se distinguia de todas as demais ofertas religiosas e filosóficas de seu tempo. Paulo afirma essa identidade no contraste com as tradições judaica e grega (cf. 1Cor 1,17-25).

Tratava-se, assim, de um carisma que se afirmava e resistia com sua novidade e se expandia com sua originalidade e frescor. Contudo, aos poucos, as comunidades sentem o cansaço do carisma original – rotinização do carisma –, à medida que morre a geração dos apóstolos e dos primeiros seguidores e na medida em que têm que explicar a si mesmas as suas fontes perante as acusações de religião fanática e ilegal dentro do Império romano. Para preservar seu carisma, as comunidades vão dando seus primeiros passos organizacionais, retirando modelos do judaísmo antigo e das próprias cidades gregas.

O carisma *in statu nascendi* dá lugar a uma ordem mais fixa das coisas, embora permaneça, evidentemente, como a razão de ser da organização que vai sendo criada. O modo de garantir a legitimidade das organizações é fundamentá-la no carisma, ou seja, ligá-la diretamente a Jesus Cristo (caso dos apóstolos por ele escolhidos e enviados) e ao seu Espírito (caso de outros ministérios que são instituídos). Em outros termos, toda instituição tem razão de ser se tiver fundamentada no dom primordial que a gerou como causa primeira e final. Sem esse dom, a instituição não se legitima. A volta ao carisma é uma regra de vida da Igreja; o que impedir esse movimento nega a origem permanente do dom fundamental da fé. A renovação carismática da Igreja é uma dinâmica permanente que supera todo tipo de fixação em modelos históricos.

b) A volta ao carisma e as renovações

Todas as instituições cristãs, com seus muitos modelos históricos, existem por causa do dom salvífico que as fundamenta permanentemente. O carisma não constitui apenas o começo, mas a origem permanente que lhes dá legitimidade. Esse dado constitutivo da Igreja foi, ao mesmo tempo, a razão de sua estruturação institucional e a razão de suas rupturas. É a força permanente de renovação da Igreja que se mostrou de muitas formas no decorrer de sua história como motor das transformações mais criativas. Em nome das fontes puras do cristianismo, os reformadores apresentaram suas propostas de renovação. O carisma cristão sempre pressionou a instituição eclesial a renovar-se para ser mais coerente com seu fundamento.

O fato é que o carisma cristão permanece vivo e constitui, evidentemente, a sua única fonte. Fora dessa fonte não há justificativa para as estruturas, os papéis, as normas e as tradições da Igreja. O Evangelho é sempre a fonte renovadora de todas as estruturas historicamente construídas, fora dele não há legitimidade para a instituição. Não se trata de negar a organização institucional. Ela é necessária para a vida humana em qualquer tempo e lugar. Além disso, ocorre como meio de gerir o dom fundante no tempo e no espaço, ocorre espontaneamente, independentemente do modelo organizacional que venha a adotar. A história das organizações eclesiais cristãs e das demais religiões demonstra essa factualidade histórica e política. A consciência cristã exige que se volte sem cessar para o seu fundamento, para dele retirar elementos para a vida pessoal e comunitária. A Igreja é a comunidade dos seguidores de Jesus Cristo e, dessa fé primeira, retira todos os parâmetros para posicionar-se dentro da história e aí se organizar para melhor servir.

O tradicionalismo é a fixação no tempo do meio: não volta ao carisma original nem se abre ao presente; adota um modelo histórico como fixo e eterno por encarnar em si mesmo a verdade, de forma que o retorno ao carisma original não constitui sua dinâmica, e é até mesmo considerado anárquico, quando não herético.

3. Os sinais dos tempos

O Concílio Vaticano II praticou e consagrou os *sinais dos tempos* como princípio teológico e como método de reflexão teológico-pastoral. Como princípio teológico, afirma que Deus fala através dos fatos da natureza e da história, rompendo com qualquer visão pessimista que negue a presença divina no mundo, assim como a compreensão de revelação como fato isolado no passado, sem ressonância ou atualidade. Essa consciência e formulação foram, na verdade, resultados de um longo processo histórico de uma percepção positiva da história presente, como *locus* teológico e, portanto, de superação da percepção essencialista que exila a verdade para um mundo ideal (teórico ou transcendente) acessado pela fé ou pela razão e que, desde esse parâmetro fixo e universal, julga os momentos históricos sempre deficitários pelo fato de serem imanentes e contingentes. De um mundo transcendente é que procede a verdade, de um método dedutivo que parte de premissas universais é que vem a ciência possível e verdadeira, de um poder primordial é que procedem todos os poderes relativos instituídos na história. Essa cosmovisão de nítida raiz platônica, porém totalmente cristianizada desde o cristianismo formulado em Alexandria a partir do século II, consolidou um método teológico que dispensou a percepção da historicidade como dado real e condicional para se entender não somente os tempos e as épocas com suas características, mas para entender as origens e os processos de construção das próprias ideias. O sistema escolástico deu o acabamento teórico, metodológico e pedagógico para esse regime de verdade que atravessou séculos na Europa e sobreviveu – e ainda sobrevive – como hegemônico na Igreja Católica, ao menos até o final do século XIX.

O conceito de sinais dos tempos nasce como visão que rompe com esse regime secular de pensamento e ação no catolicismo; demarca o deslocamento da visão essencialista para uma visão histórica da revelação de Deus, de formulação da fé e de orientação pastoral. Não se tratou, evidentemente, de uma ruptura completa e imediata, mas de uma postura que foi sendo gestada gradativamente: a) a partir da práxis dos cristãos dentro da história onde e quando a leitura da realidade na ótica da fé se impunha como desafio, como necessidade e como fato; b) a partir dos teólogos, munidos, então, das premissas tomasianas (com a raiz realista-empírica do aristotelismo), do pensamento moderno já talhado pelas luzes que tinha a historicidade como eixo fundamental e dos métodos modernos de estudos dos textos bíblicos (método histórico-crítico); c) a partir do magistério papal, particularmente do

Papa João XXIII, que pratica o método em sua encíclica *Pacem in Terris* (1963).

Nessa Encíclica, na análise feita em cada um dos capítulos, o papa conclui precisamente com um item, *sinais dos tempos*, quando, então, indica os pontos em que é possível perceber sinais positivos, condizentes com os valores do Evangelho dentro da ordem social, política e cultural do mundo moderno. Na introdução da *Encíclica* podem ser observados os pressupostos do método nos seguintes termos: reconhecimento da ambiguidade da modernidade (avanços positivos, por um lado, e desordem, por outro), reconhecimento do significado teológico de fundo dos avanços (a grandeza de Deus criador revelada na natureza e no homem, sua imagem e semelhança e, por isso, capaz de criar), reconhecimento da capacidade humana de discernir entre o bem e o mal (dotado de consciência moral doada por Deus) e, por fim, reconhecimento da capacidade humana de regular todas as suas relações na direção do bem comum universal.

a) O processo conciliar

A posição de João XXIII em relação à história constitui, de fato, o núcleo de sua visão teológica de realidade e também daquilo que motivou e orientou seu projeto de convocar um novo Concílio. Tratava-se de um Concílio radicalmente novo, em termos de postura e de método; não mais para definir dogmas e corrigir erros de doutrina, mas para fazer um *aggiornamento* da longa tradição cristã-católica ao tempo presente. O discurso inaugural do grande evento demarcou essa intencionalidade e postura, assim como indicou uma distinção fundamental entre "a substância do 'depositum fidei', isto é, as verdades contidas na nossa doutrina, e outra é a formulação com que são enunciadas, conservando-lhes, contudo, o mesmo sentido e o mesmo alcance".

O *aggiornamento* da tradição aos novos tempos trazia como pressuposto uma compreensão de tradição reformatada pela percepção de historicidade, entendida, então, não como um conteúdo fixo e imutável a ser repetido de modo intacto, mas como transmissão sempre nova a cada tempo e lugar. A proposição do novo Concílio detinha esse pressuposto que, por certo, ainda não revelara seu alcance hermenêutico naquele momento inicial, assim como suas exigências e potencialidades transformadoras.

O Vaticano II transmitiu, evidentemente, novas doutrinas no conjunto de seus vários documentos, mas, sobretudo, deixou um legado dinâmico que chama à responsabilidade crítica e criativa todos os cristãos. A imagem do rio que nasce de uma fonte com o evento conciliar e avança para a frente como fluxo contínuo, sugerida por Paulo VI na Audiência de 12 de janeiro de 1966, expressa essa originalidade: a missão de manter a Igreja em diálogo com o mundo para as gerações futuras. E a *Gaudium et Spes* deixa entrever no n. 4 essa postura metodológica, quando diz que "a Igreja tem o dever de perscrutar os sinais dos tempos e interpretá-los à luz do Evangelho, de tal modo que possa responder, de maneira adaptada a cada geração, às interrogações eternas sobre o significado da vida...".

b) A leitura dos sinais dos tempos

O Vaticano II praticou a leitura dos sinais dos tempos na sua intuição e intencionalidades mais profundas e buscou modos de fazer isso no decorrer de suas sessões; operou uma autêntica virada metodológica na percepção da tradição, da doutrina, de reflexão teológica e da prática pastoral. De um imperativo do passado, deslocou para a sensibilidade para com o presente e para o imperativo indispensável da relação entre as duas temporalidades. A leitura dos *sinais dos tempos* significa, desse modo, o esforço de um diálogo entre a fé e a realidade e entre a Igreja e a sociedade, o que desencadeia, inevitavelmente, numa circularidade entre os dois polos como espírito, atitude e método de reflexão e ação.

O Concílio não somente praticou esse "método" que resultou nos seus documentos finais, como o indicou para ser aplicado pela Igreja nas passagens em que é explicitado com as seguintes conotações:

– Como exigência para descobrir os desígnios de Deus na história (GS 4, 11);

– Como leitura da realidade a partir da fé (GS 4, 11, 44; PO 18);

– Como missão da Igreja na compreensão, diálogo e serviço ao mundo (GS 4,11);

– Como tarefa conjunta dos cristãos entre si (PO 9; DH 15), dos leigos com os presbíteros (PO 9) e dos cristãos com outros sujeitos (GS 11; DH 15);

– Como sinal concreto expresso na solidariedade (AA 14) e na liberdade (DH 15);

– Como conceito expresso na ação ecumênica entre os cristãos (UR 4);

– Como diálogo com as várias linguagens e ciências na busca de aprofundamento da verdade revelada (GS 44);

– Como fruto da leitura da Bíblia e que produz a docilidade ao Espírito (PO 18).

Em todas essas referências, trata-se de uma postura de interpretação da realidade a partir da fé, entendida como um desafio para a Igreja de um modo geral e como um caminho de comunicação da mensagem cristã na sociedade moderna. A noção e uso dos *sinais dos tempos* indicam o modo de transmitir, atualizar e vivenciar os conteúdos da fé que permanecem com sua substância, em cada tempo e lugar. O Vaticano II rompeu, desse modo, com o conforto da doutrina, da norma moral e da definição canônica, colocando no centro da tradição, do magistério e da teologia o caminho do discernimento do tempo presente que exige, ao mesmo tempo, discernimento do passado: das fontes da fé, da tradição e da doutrina. Não estão equivocados os tradicionalistas quando negam essa nova postura como ruptura com a percepção anterior centrada na verdade fixa e imutável.

4. A doutrina situada entre o passado e o presente

O Papa Francisco é um filho da era conciliar, período em que vivenciou sua experiência de fé em todas as etapas que culminaram na eleição para bispo de Roma. Além do mais, traz em sua bagagem teológica e espiritual a tradição inaciana do discernimento da realidade presente que envolve o seguidor de Jesus com seus estímulos negativos e positivos. É também um latino-americano que vivenciou a aplicação do Vaticano II no continente da opressão e da esperança, a cada geração que clamava por libertação. No espírito e na letra conciliar, a Igreja da América Latina se fez como Igreja local, como colegialidade, como ministerialidade, como defensora da justiça, como pastoral dos pobres e como reflexão teológica. Universalidade e localidade, tradição e contemporaneidade, doutrina e prática, contemplação e ação foram os eixos que se articularam permanentemente como constitutivos da vida de fé do povo crente do grande continente. Aí o discernimento entre a tradição da fé e os clamores do presente colocou em marcha a dinâmica conciliar dos sinais dos tempos: o dever da Igreja de perscrutar os sinais dos tempos e interpretá-los à luz do Evangelho a cada geração.

O Papa Francisco oferece uma orientação precisa, coerente e corajosa sobre a compreensão da tradição como guardiã e transmissora da fé em cada geração, de consideração da relação inseparável entre a fé e a vida, de compreensão da doutrina como sistema aberto a serviço da vida e como descendente de uma fonte vital que é Jesus Cristo, de discernimento da norma moral a partir das realidades concretas, de reconhecimento da distinção entre a formulação e substância da doutrina, assim como da distinção entre doutrina e intepretação.

a) O Evangelho como fonte permanente

O Papa Francisco afirma na *Evangelii Gaudium* que a Igreja deve renovar-se a "partir do coração do Evangelho". Reafirma a noção de tradição viva ao insistir que as formulações do passado podem não mais fecundar o presente e, sequer, serem compreendidas pelas pessoas de hoje. "Uma pastoral em chave missionária não está obcecada pela transmissão desarticulada de uma imensidade de doutrinas que se tentam impor pela força do insistir" (35). O Evangelho fornece o núcleo mais essencial para discernir as formulações do passado e fazê-las fecundar o presente. Por essa razão, a Igreja é chamada a rever em sua tradição aquilo que não corresponde precisamente ao núcleo do Evangelho e que já não faz mais sentido no mundo atual. Francisco insiste nesse assunto dizendo que muitas coisas da tradição podem ser belas, mas não prestam mais o serviço na transmissão do Evangelho. "Não tenham medo de revê-los! Da mesma forma, há normas ou preceitos eclesiais que podem ter sido muito eficazes noutras épocas, mas já não têm a mesma força educativa como canais de vida" (43).

b) O Evangelho e a realidade

A tradição está situada, portanto, entre duas fontes importantes de significado que lhe dão o parâmetro da forma correta de ser transmitida: o *coração do Evangelho* e a *vida concreta*. O tradicionalismo perde essas duas referências e afirma o passado pelo passado de forma fixa e imutável. Apega-se a esse "tempo do meio" esquecendo a sua origem (fonte permanente de onde retira sentido) e o seu fim (seus destinatários concretos). A tradição viva presta o serviço de vincular a vida que vem do Evangelho com a vida das pessoas de hoje com todas as suas alegrias e dores, virtudes e vícios. A tradição é a construção permanente do diálogo entre as fontes e da fé e a vida. É o rio que corre vivo desde a sua nascente para irrigar com suas águas as terras por onde passa. Em seu discurso de abertura do Sínodo da família em 2015, Francisco insistia com os bispos ali presentes que a doutrina deve estar articulada com a vida:

> ...o Sínodo é uma *expressão eclesial*, ou seja, é a Igreja que caminha unida para ler a realidade com os olhos da fé e com o coração de Deus; é a Igreja que se questiona sobre a sua fidelidade ao *depósito da fé*, que para ela não representa um museu para visitar nem só para salvaguardar, mas uma fonte viva na qual a Igreja se dessedenta para matar a sede e iluminar o *depósito da vida*.

A tradição é, portanto, a ponte entre os dois depósitos, ligação entre os territórios da fé e da vida. Ponte não é território nem lugar de morada definitiva; é espaço de passagem, ligação fundamental entre as duas margens que fazem parte da vida cristã. O Evangelho é o grande território que sustenta tudo: as margens da fé e da vida e a travessia entre as duas, a tradição.

c) A tradição a serviço da vida

O ato de "passar adiante" os conteúdos da fé significa inevitavelmente confrontar a fé com a vida, lançar a semente que a Igreja carrega no solo da vida, feito de terra fértil e de terra infértil. Em cada terra as sementes geram novos frutos.

O cristianismo professa a fé no Deus da vida, o Criador de todas as coisas, em Jesus Cristo que veio para que todos tenham vida e vida plena (cf. Jo 10,10) e afirma que os cristãos seguem esse caminho (cf. Jo 14,6) pela vivência do amor (cf. 1Jo 4). Os conhecimentos das coisas de Deus estão sempre ligados à vivência concreta do amor em cada realidade presente. Do contrário, as verdades não têm sentido ou podem se tornar ideias bem elaboradas, porém ocas, semente bonita que não fecunda. Conhecimento sem amor é mentira, ensina a Primeira Carta de João. A tradição desvinculada da vida corre o risco de ser também mentira porque já não expressa aquilo que é mais básico na fé cristã: o amor. A transmissão das verdades da fé é uma ajuda para os seguidores de Jesus viverem o amor de modo concreto dentro do mundo, nas relações com a natureza, com a família, com o trabalho e com todos os semelhantes, os iguais e os diferentes. A doutrina transmitida é primeiramente Jesus, ensina Francisco. É a partir dele que as verdades são vividas e podem gerar vida, como conclamou no V Encontro da Igreja em Florença, em 10 de novembro de 2015:

> A doutrina cristã não é um sistema fechado incapaz de gerar perguntas, dúvidas, interrogações, mas é viva, sabe inquietar, animar. Tem uma face não rígida, um corpo que se move e se desenvolve, tem a carne macia: a doutrina cristã chama-se Jesus Cristo.

d) A distinção entre a doutrina e a interpretação

A história da doutrina e da teologia mostra que as formas de interpretar as questões de fé se modificam em função dos modos gerais de pensar a realidade. Sem dúvidas, as ciências modernas exigiram da teologia novas maneiras de interpretar os dogmas e, muitas vezes, novos modos de formular a doutrina. Portanto, a equação simples que muitas vezes identifica *fé = formulação = interpretação = reflexão* ignora a dinâmica real da história da doutrina e da teologia cristãs que distingue na prática e na teoria esses diferentes modos de relacionar-se com a tradição da fé. Para os tradicionalistas, além de homogeneizar essas distintas habilidades, focaliza em um único modo de interpretação da fé, como se fosse a própria fé revelada, sem nuances e sem mudanças.

Francisco explica que muitas formulações da doutrina pertencem a modos antigos e diferentes de expressar e pensar que já não falam mais para os nossos dias e lança um apelo para a Igreja: Não tenhamos medo de revê-los! E conclui que muitas normas que foram eficazes no passado, hoje já não têm mais a "mesma força educativa como canais de vida" e podem tornar a vida dos fiéis uma escravidão (EG 43).

Nessa mesma Exortação oferece orientações precisas a esse respeito no seu número 40, quando afirma: a) *O avanço da interpretação*: a Igreja tem necessidade de crescer na interpretação da Palavra revelada e na sua compreensão da verdade; b) A *liberdade de interpretação*: há inúmeras questões em torno das quais se indaga e reflete com grande liberdade; c) O *diálogo* com as diferentes visões, com as linhas de pensamento e com as ciências, para ajudar a avançar na interpretação: os diferentes pensamentos podem ajudar a explicitar o tesouro riquíssimo da Palavra e os teólogos e exegetas podem ajudar a amadurecer o "juízo da Igreja". A Exortação conclui o parágrafo com o seguinte alerta:

> A quantos sonham com uma doutrina monolítica defendida sem nuances por todos, isto poderá parecer uma dispersão imperfeita; mas a realidade é que tal variedade ajuda a manifestar e desenvolver melhor os diversos aspectos da riqueza inesgotável do Evangelho.

O tradicionalismo identifica como uma expressão uníssona, *interpretação-formulação-doutrina-revelação*, verdade única que se funda diretamente em Deus. Nesse sentido, são fundamentalistas, por fixarem-se em uma formulação histórica como expressão direta da revelação e da verdade absoluta. Não são irracionais, mas, ao contrário, se baseiam em um tipo de racionalidade que dispensa a perspectiva da história, como parâmetro que exige distinguir passado e presente em todas as construções humanas e assumir o compromisso de transmitir de modo renovado a verdade no presente. No entanto, paradoxalmente adotam um modelo histórico datado como expressão coerente e definitiva da verdade eterna.

***

O carisma cristão – a salvação oferecida por Jesus morto e ressuscitado expressa como primeiro anúncio

– é uma fonte sempre viva e atual que renova a vida dos seguidores de Jesus em suas diferentes situações históricas; é a fonte que permite, em nome da fé, rever as construções históricas que visam explicitar, formular e pensar essa experiência do Cristo vivo na história que age pela força de seu Espírito que conduz os discípulos à verdade para sempre (Jo 14,26; 16,13). Sem o querigma fundante, o cristianismo corre o risco da idolatria dos modelos históricos de interpretação da fé, trocando a causa pelo efeito, o conteúdo pela fórmula, a vida plena pela lei escrita.

A sedução do definitivo (Comblin, 1969, p. 5) acompanhou os processos de institucionalização do cristianismo. Na verdade, o definitivo se impôs sobre o provisório, do ponto de vista da doutrina e da própria organização da Igreja. Contudo, o cristianismo guarda o germe mais original de um sistema de crenças que afirma o provisório como lugar da experiência fundamental da fé: da encarnação do Verbo no tempo e no espaço que passam da promessa da salvação, que vem em definitivo, vivenciada não como ilusão alienada, mas como soma paciente de cada momento presente e da acolhida do Espírito que sopra na fugacidade do presente e conduz à verdade. É no provisório feito para passar que a Igreja se estrutura como sinal do Reino definitivo e aí exerce sua missão de transmissora sempre renovada da tradição da fé; Igreja tão somente sinal, toda Reino, mas jamais identificada com Reino todo; jamais definitiva em qualquer modelo historicamente instituído. Sinal, mensageira e testemunha do definitivo no devir incessante da história.

No tempo que passa, a pluralidade se faz presente, as divergências se tornam inevitáveis. Os tradicionalismos habitam a Igreja de ontem e de hoje e desafiam toda a comunidade eclesial a discernir e a relacionar-se na liberdade e na caridade. O Vaticano II reconhece esse dado e nos convida ao diálogo permanente e à caridade de uns para com os outros. Porque "o que une os fiéis entre si é bem mais forte do que aquilo que divide..." (GS 92).

A conclusão provisória

> No decurso dos séculos passados,
> produziu-se como que uma convergência
> de fatores históricos,
> cuja resultante foi a exaltação desmesurada
> da fixidez, da estabilidade, e como que a busca
> de uma imagem da eternidade
> das coisas celestes
> na fixidez das coisas terrestres
> (José Comblin).

Perante as propostas filosóficas e religiosas que proclamam a posse do definitivo, o cristianismo afirma a posse do provisório. Essa postura está longe de ser conhecida e sequer unânime. O cristianismo foi sendo formulado historicamente a partir de categorias que afirmavam o definitivo como princípio e regra. A busca de fundamentos para as suas racionalizações, as que edificaram de Deus até as normas mais básicas, passando pelo culto, pelas devoções e pelas estéticas, contribuiu com a afirmação e reprodução dessa ideia de um mundo fixo encarnado no presente da história. Por outro lado, há que reafirmar que as posturas plurais e, mesmo divergentes, habitam a Igreja desde as suas origens. Os tradicionalistas compõem um segmento eclesial – e social – que entende ser o passado a referência segura para o presente. Por certo continuarão existindo na Igreja, juntamente com os que entendem estar a Igreja em reforma permanente; serão sempre objeto de discernimento e de relacionamento politicamente tolerante e eclesialmente caridoso. A máxima de Santo Agostinho continua orientando a pluralidade eclesial: "Nas coisas necessárias a unidade; nas dúvidas a liberdade; em todas, a caridade".

Com efeito, os tradicionalistas são apóstolos de plantão do definitivo: da verdade definitiva encarnada em modelos fixos e permanentes e, por conseguinte, em parâmetros unívocos e universais. O paradoxo escondido do tradicionalismo consiste precisamente nessa postura que demarca o definitivo no provisório e, contraditoriamente, trai o definitivo, na medida em que o reduz a um único modelo historicamente tangível. É verdade que justificam essa postura como postulado daquilo que *sempre foi assim* e que, portanto, deverá *ser sempre assim*. A consciência da historicidade de todas as formulações conceituais e institucionais já expôs a falácia dessa afirmação. Hoje se sabe mais do que nunca que toda tradição é uma construção histórica do passado feita no presente. O tempo irreversível exige que se tome consciência do passado, do presente e do futuro, com as possibilidades e limites de cada situação, sem fixações e sem mitificações. O tradicionalismo se edifica numa filosofia, numa teologia e numa política da permanência que rejeita, em última instância, a realidade inevitável e positiva das mudanças implacáveis da história que avança para um futuro aberto, história marcada por dramas sem conclusão, carregada de promessas sem posse e dinamizada por discernimentos sem certezas. Essa postura renega, por conseguinte, a verdade contida nas diferenças de todas as ordens. Fora do idêntico que as constitui, não há verdade; ao contrário, há sempre o risco da falsidade e a ameaça à autêntica verdade. Por essa razão, todo pluralismo deve ser assimilado pela unidade da verdade católica. O tradicionalismo carrega sempre a postura do enfrentamento com o diferente e a luta por eliminá-lo como erro, como se pode constatar a olho nu nos movimentos do passado e do presente. Uma verdade possuída historicamente na forma de modelos de vida e de organização eclesial e política subsiste unicamente no confronto e na negação do outro.

O cristianismo aguarda o definitivo no provisório, no devir dramático do tempo, na liberdade das escolhas que podem errar, no desafio da construção permanente. A história se abre como promessa de realização do tempo melhor, sempre melhor que o presente. A perda dessa reserva escatológica, expressa na busca da verdade, na busca do bem e na busca da vida mais perfeita, confina em modelos fechados e concluídos o que só pode existir como devir incessante. A noção genuinamente cristã de Reino de Deus ensina essa postura: nada do que possa ser historicamente estruturado pode reduzir a potência infinita do Reino que se enraíza na história e se desfecha em Deus, que conecta o relativo com o absoluto sempre incompleto. As teologias da permanência dispensam a promessa do Reino como utopia incessante e como sedução que exige construções permanentes na história, construções permanentes da verdade, construções permanentes da

Igreja. O princípio clássico *Ecclesia semper reformanda* se embasa nessa perspectiva reinocêntrica, que nega todas as formas de eclesiocentrismo – de Igreja autorreferenciada, diria o Papa Francisco – que possam reivindicar o status de modelo concluído de vida eclesial.

Na fé cristã as conclusões são todas provisórias; somente o Reino de Deus é definitivo, por brotar de sua própria doação de vida que se distende no universo e na história, no tempo de ontem, de hoje e de amanhã. O Reino abre todas as coisas para um fim que fecunda o presente com seu germe transformador e faz da dinâmica da história contínua autossuperação. O Espírito que renova todas as coisas e sopra onde quer liberta-nos dos fechamentos no tempo e no espaço; transforma-nos em itinerantes permanentes na busca do novo. O poder renovador do Espírito desautoriza todas as concentrações teocráticas, exercidas em nome de quem quer que seja, de hierarquias eclesiais ou políticas. Desautoriza todas as concentrações sagradas em instituições, leis e personagens, e exige discernimentos a cada instante, munido da memória do passado e da esperança de futuro.

É no tempo que passa e na construção constante dos modos mais coerentes de acolher o mistério da salvação oferecido por Deus à humanidade que a fé cristã pode ser vivenciada. Só pode ser vivenciada como mistério e graça através do Verbo encarnado na carne precária que nasce, cresce, vive e morre; Verbo presente na Igreja que se estrutura em modelos variados no tempo e no espaço; Verbo universal que fala nas particularidades limitadas e que atua na história feita para passar, no jogo inevitável do limite e da possibilidade. Essa é postura de fé que contrasta com certezas religiosas catalogadas e institucionalizadas em modelos históricos.

Por essa razão, a transmissão do mistério da salvação na contingência histórica – e não outro tempo e outro espaço – é sempre transmissão que se renova, jamais fixada em modelos imutáveis, mesmo quando está pautada em parâmetros canônicos: instrumento para medir e confrontar o mistério com a realidade presente; jamais para condensar o mistério em uma única linguagem e em uma única fórmula fixa. A transmissão dessa fé é sempre renovada. Esse é o significado da tradição que se distingue e se opõe ao tradicionalismo. A tradição guarda o passado e discerne o presente, no mesmo ato de fidelidade que visa oferecer o conteúdo fundamental da fé a cada época e lugar. É linguagem que se renova ao transmitir e transmite ao se renovar.

O princípio indicado por Francisco (EG 222-225), de que o "tempo é superior ao espaço", expressa de modo exemplar e prático essa realidade da fé que se relaciona com a história. A tensão entre plenitude e limite é integrante da fé. A vontade de possuir a plenitude, explica o papa, se depara com o "muro" do limite que se coloca a nossa frente. Considerar que o tempo é superior ao espaço significa abrir-se para o futuro e relativizar os domínios espaciais, as configurações políticas. Dar prioridade ao tempo significa encarar os limites sem absolutizações.

> Um dos pecados que às vezes se nota na atividade sociopolítica é privilegiar os espaços de poder em vez dos tempos dos processos. Dar prioridade ao espaço leva-nos a proceder como

> loucos para resolver tudo no momento presente, para tentar tomar posse de todos os espaços de poder e autoafirmação.

Francisco conclui que dar prioridade "ao tempo é ocupar-se *mais* com *iniciar processo do que possuir espaços*" (226).

Os tradicionalismos dominam e absolutizam determinados espaços que encarnam modelos do passado; escolhem a segurança da repetição, da unidade e da obediência, em vez de processos que podem gerar o novo. A sedução do tradicionalismo vem precisamente da segurança que dispensa a autonomia e a responsabilidade do discernimento. Nesse sistema de verdade, só há lugar para a introjeção passiva do padrão e da norma, para a reprodução mecânica do igual e para a ilusão de uma verdade realizada.

O sujeito se faz na consciência de si como singularidade relacionada, na autonomia que discerne e decide e na ação crítica e criativa. Onde impera a objetividade do padrão coletivo, imposto como expressão direta de uma verdade fixa e eterna, não haverá sujeitos, apenas fiéis pacientes, não há autonomia, apenas automatismo, não há ação, somente repetição.

O cristianismo é uma oferta de salvação que articula de modo original passado, presente e futuro. Não se concentra de modo exclusivo em nenhuma das temporalidades, por se apresentar como uma proposta de vida presente que recebe do passado um mistério transmitido e avança para o futuro como horizonte permanente de significados a serem antecipados. O fechamento no passado ignora a força presente da salvação operada pelo Espírito que sopra onde quer e conduz à verdade; a idealização do passado é fechamento ao Espírito de vida a vivência imediata do amor que experimenta o Cristo na carne concreta e vulnerável do outro. O fechamento no futuro instaura a alienação e a ilusão que enxerga o presente como demência e como desejo de superação. O presente se mostra como contradição a ser superada imediatamente e como resultado das perversões humanas. O fechamento no presente abandona as heranças e as tradições que nos vinculam ao que nos definem como família, como povo e como comunidade de fé que nos liga misteriosamente a Jesus Cristo; mas esquece também o futuro que se mostra como promessa de dias melhores. O tradicionalismo é a absolutização do passado no presente e do futuro no presente; é o tempo absoluto que evita o inevitável: a passagem do tempo. O presente é o tempo da graça, *kairós* que eclode no *Cronos* e o transforma em possibilidades.

A ilusão da permanência é uma falsa solução para a mente insegura; é oferta demagógica de um absoluto que sequer pode existir, sendo a história feita somente de sucessão de "presentes" que avançam do passado para o futuro. A tradição consiste precisamente nessa postura de acolhida do passado no presente em vistas do futuro; é memória atualizada pela promessa que oferece sua mensagem de libertação para a consciência individual e coletiva (eclesial) situada no tempo e no espaço. O cristianismo é uma mensagem sempre atual para o tempo presente e um aprendizado a vivenciar a cada instante o eterno prometido como bem, o Reino instalado como grão de mostarda que se esconde na terra concreta do espaço fugaz da hora presente. É de instante em instante que o seguidor de Jesus aprende seu caminho como verdade e vida, sem controles de verdade acabadas e codificadas em modelos do passado e sem domínios de reservas plenas antecipadas do futuro.

Nesse sentido, a distinção entre tradição e tradicionalismo é mais que um mapeamento de modos de lidar com o passado, é um discernimento fundamental da acolhida da graça oferecida por Deus no tempo e no espaço; é questão de fé, e não de opções por modelos de organização eclesial, por modos de executar as celebrações litúrgicas. As linguagens podem até variar em seus modos de expressão, mas terão que cumprir a função primordial de comunicar e de gerar adesão e seguimento de Jesus, sob pena de criar mistificações que escondem a essência do mistério, de transformar a Tradição viva em tradições fixas, de encapsular o presente no passado e de colocar muros nos canais vivos da graça.

> ... é o neopelagianismo autorreferencial e prometeico de quem, no fundo, só confia em suas próprias forças e se sente superior aos outros por cumprir determinadas normas ou por ser irredutivelmente fiel a certo estilo de vida católico próprio do passado. É uma suposta segurança doutrinal ou disciplinar que dá lugar a um elitismo narcisista e autoritário, onde, em vez de evangelizar, se analisam e classificam os demais e, em vez de facilitar o acesso à graça, consomem-se em energias a controlar (*Evangelii Gaudium*, 94).

Bibliografia

ANTOINE, Charles. *O integrismo brasileiro*. Rio de Janeiro: Civilização Brasileira, 1980.

ARENDT, Hannah. *As origens do totalitarismo*. São Paulo: Companhia das Letras, 2000.

ARMSTRONG, Karen. *Em nome de Deus*; o fundamentalismo no judaísmo, no cristianismo e no islamismo. São Paulo: Companhia das Letras, 2001.

ÁVILA, Fernando B. de. *O pensamento social cristão antes de Marx*. Rio de Janeiro: Livraria José Olímpio, 1972.

BENTO, Fábio Régio. Adeus ao reformismo; Papa Francisco e a Doutrina Social da Igreja. *Perspectiva teológica*, FAJE, Belo Horizonte, v. 50, n. 3, 2018.

BERGER, Peter. *O dossel sagrado*. São Paulo: Paulus, 1985.

BURKE, Edmund. *Reflexões sobre a revolução francesa*. Brasília: UnB, 1997.

CARAPANÃ. A nova direita e a normalização do nazismo e do fascismo. In: GALEGO, Esther S. (org.). *O ódio como política*; a reinvenção das direitas no Brasil. São Paulo: Boitempo, 2018.

CASTELLS, Manuel. In: <https://dialogosdosul.operamundi.uol.com.br/mundo/55353/steve-bannon-e-a-conspiracao-contra-a-europa-por-manuel-castells>.

_____ . *O poder da identidade*. São Paulo: Paz e Terra, 2001.

_____ . *Ruptura*; a crise da democracia liberal. Rio de Janeiro: Zahar, 2018.

COMBLIN, José. *O provisório e o definitivo*. São Paulo: Herder, 1969.

COUTINHO, João Pereira. *As ideias conservadoras explicadas a revolucionários e reacionários*. São Paulo: Três Estrelas, 2014.

DARTOT, Pierre; LAVAL, Christian. *A nova razão do mundo*. São Paulo: Boitempo, 2016.

DAWBOR, Ladislau. *A era do capital improdutivo*; a nova arquitetura do poder, sob a dominação financeira, sequestro da democracia e destruição do planeta. São Paulo: Outras Palavras/Autonomia Literária, 2017.

DEZINGER-HÜNERMANN. *Compêndio dos símbolos, definições e declarações de fé e moral*. São Paulo: Paulinas/Loyola, 2007.

EICHER, Peter. *Dicionário de Conceitos Fundamentais de Teologia*. São Paulo: Paulus, 1993.

ELIADE, Mircea. *O sagrado e o profano*. São Paulo: Martins Fontes, 1999.

EZCURRA, Ana Maria. *O Vaticano e o governo Reagan*. São Paulo: Hucitec, 1985.

FAGGIOLI, Massimo. *Vaticano II*; a luta pelo sentido. São Paulo: Paulinas, 2013.

FRANCISCO. Exortação Apostólica *Evangelii gaudium*. São Paulo: Paulinas, 2013.

GRANT, Edward. *História da filosofia natural*; do mundo antigo ao século XX; São Paulo: Madras, 2009.

HOBSBAWM, Eric. J. *A era do capital*; 1848-1875. São Paulo: Paz e Terra, 2016.

_____; RANGER, Terence. *A invenção das tradições*. São Paulo: Paz e Terra, 2002.

INGRAO, Christian. *Crer & Destruir*; intelectuais na máquina de guerra da SS nazista. Rio de Janeiro: Zahar, 2015.

JASPERS, Karl. *La filosofia*. México: Fondo de Cultura Económica, 1991.

JOÃO PAULO II. Encíclica *Centesimus Annus*. São Paulo: Paulinas, 1989.

KAHHAT, Farid. *El eterno retorno*; la derecha radical em el mundo contemporâneo. Lima: Crítica, 2019.

KLOPPENBURG, B. *Concílio Vaticano II*. Petrópolis: Vozes, 1963. v. 2.

KONDER, Leandro. *A questão da ideologia*. São Paulo: Companhia das Letras, 2002.

LACOSTE, Jean-Yves. *Dicionário Crítico de Teologia*. São Paulo: Loyola-Paulinas, 2004.

LEVITSKY, Steven; ZIBLATT, Daniel. *Como as democracias morrem*. Rio de Janeiro, Zahar, 2018.

LIBANIO, J. Batista. *A volta à grande disciplina*. São Paulo: Loyola, 1984.

LILLA, Mark. *A grande separação*; religião, política e o ocidente moderno. Lisboa: Gradiva, 2007.

LIMA VAZ, Henrique C. *Raízes da modernidade*. São Paulo: Loyola, 2005.

LIPOVETSKY, Gilles. *A felicidade paradoxal*. Ensaio sobre a sociedade do hiperconsumo. São Paulo: Companhia das Letras, 2007.

LÖWY, Michael. *Redenção e utopia*; judaísmo libertário na Europa central (um estudo de afinidade eletiva). São Paulo: Companhia das letras, 1989.

MARTEL, Frédéric. *No armário do Vaticano*; poder, hipocrisia e homossexualidade. São Paulo: Objetiva, 2019.

NEMO, Philippe. *O que é o Ocidente*? São Paulo: Martins Fontes, 2005.

NISBET, Robert. *O conservadorismo*. Lisboa: Estampa, 1987.

PASSOS, J. Décio. *As reformas da Igreja católica*; posturas e processos de uma mudança em curso. Petrópolis: Vozes, 2018.

PELIKAN, Jaroslav. *A tradição cristã*; uma história do desenvolvimento da doutrina 5. São Paulo: Shedd, 2016.

POLITI, Marco. *Francisco entre lobos*; o segredo de uma revolução. Lisboa: Texto&Grafia, 2014.

RANCIÈRE, Jacques. *O ódio à democracia*. São Paulo: Boitempo, 2014.

SCHLESINGER, Hugo; PORTO, Humberto. *Dicionário Enciclopédico das Religiões*. Petrópolis: Vozes, 1995. v. II.

SHIRKY, Clay. *Lá vem todo mundo*; o poder de organizar sem organizações. Rio de Janeiro: Zahar, 2012.

SILVEIRA, Emerson J. Sena da. Tradicionalismo católico no ciberespaço. *Ciência da religião: história e sociedade*, São Paulo, v. 12, n. 2, dez. 2014.

THOMPSON, John B. *Ideologia e cultura moderna*; teoria social crítica da era dos meios de comunicação de massa. Petrópolis: Vozes, 1999.

VV.AA. *Os fundamentos*; a famosa coleção de textos das verdades bíblicas fundamentais. São Paulo: Hagnos, 2005.

WEBER, Max. *A ética protestante e o espírito do capitalismo*. Lisboa: Presença, 1996.

______. *Economía y sociedad.* México: Fondo de cultura econômica, 1997.

Fontes eletrônicas

http://www.ihu.unisinos.br/78-noticias/580128-steve-bannon-cardeal-burke-ministro-salvini-e-o-complo-para-derrubar-o-papa-francisco

http://www.ihu.unisinos.br/78-noticias/589322-nao-ao-rosario-para-fins-politicos-desavencas-entre-os-catolicos-e-chefe-da-lega

Índice remissivo

A

B

C

D

E

F

H

I

J

L

M

O

P

V

W

Rua Dona Inácia Uchoa, 62
04110-020 – São Paulo – SP (Brasil)
Tel.: (11) 2125-3500
http://www.paulinas.com.br – editora@paulinas.com.br
Telemarketing e SAC: 0800-7010081